名师名校名校长

凝聚名师共识
回应名师关怀
打造名师品牌
培育名师群体

　　　　　　程红兵造景

成长·同享·共赢

『无痕教育智慧课堂』建设探微

方少全　刘庆华／主编

北京燕山出版社
BEIJING YANSHAN PRESS

图书在版编目（CIP）数据

成长·同享·共赢："无痕教育智慧课堂"建设探微 / 方少全，刘庆华主编.— 北京：北京燕山出版社，2022.11

ISBN 978-7-5402-6294-5

Ⅰ.①成… Ⅱ.①方… ②刘… Ⅲ.①课堂教学—教学研究—小学 Ⅳ.①G622.421

中国版本图书馆CIP数据核字（2022）第253935号

CHENGZHANG TONGXIANG GONGYING WUHEN JIAOYU ZHIHUI KETANG JIANSHE TANWEI

成长·同享·共赢："无痕教育智慧课堂"建设探微

主　　编	方少全　刘庆华
责任编辑	满　懿
出版发行	北京燕山出版社
地　　址	北京市丰台区东铁匠营苇子坑138号C座
电　　话	010-65240430
邮　　编	100079
印　　刷	北京政采印刷服务有限公司
经　　销	新华书店
开　　本	170mm×240mm　16 开
字　　数	320千字
印　　张	17.75
版　　次	2022年11月第1版
印　　次	2022年11月第1次印刷
定　　价	68.00元

编 委 会

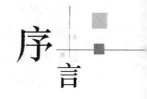

笔下有声　成长无痕

松声竹影诗礼修身求大道

山色湖光风云砺志写长天

在无痕教育思想与学校办学思想融为一体的今天，我们再看无痕教育实践走过的道路，备感欣慰。

几年来，我们全校教师用最敬业的工作精神和最扎实的教学功底，努力而有创新地实施着"晨诵""午练""暮韵""男足""女舞""机器人"等一日特色课程，带着孩子们在晨光熹微中接受经典文化的洗礼，在艳阳高照的午后感受认真习字的严谨，在暮色降临时沐浴艺术的悠扬，在绿茵场上享受着足球滚动的欢畅，在国际机器人大赛赛场上无比自豪地看着五星红旗飘扬……我们庆幸，我们用手中的笔记录下这一个个精彩的过程，让我们有机会在文字中回味，目送着更多的孩子走在无痕成长的成功之路上。

几年来，我们全体班主任教师从最专业的班主任工作视角，整理并精选出二十四个班的品牌班级文化建设案例。与众不同的班名、班徽、班级文化的创建，以及每个班不同的班级故事对班级精神的诠释，都在实践着文化引领管理、文化升华发展的班级管理思想，让生活在班级中的每一个孩子沐浴在集体文化的氛围中，成长在团队精神的指引下。我们庆幸，我们带着孩子们在一个又一个文字符号之后享受着无痕成长的精神盛宴。

几年来，我们全体教师和家长用敏锐的目光发现着孩子成长中的一个又一个教育契机，春风化雨般地引导着孩子的成长，并用真诚、质朴的文字把它们记录下来，相信那是我们与孩子行走在教育之路上最宝贵的财富。

　　几年来，我们把无痕教育思想融进课堂，用一节节生动的课例展示我们对孩子们润物无声的教育；我们把一次又一次活动的过程用文字记录下来，让孩子们在活动中感受成长的欢愉；我们把一份又一份的德育核心价值观材料汇编，让孩子们在最通俗易懂的文字中涵养素质……我们庆幸，我们所做的这一切惠及了全校师生及家长，让大家一起行走在成长、成功的路上。

　　我们将坚定不移地把无痕教育思想落实到孩子成长的每一个瞬间，并用文字把这一个个美好的瞬间结成永恒。

　　笔下有声，成长无痕。

方少全

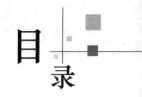

目录

第一篇　无痕教学智慧课堂的核心内涵

第二篇　无痕教学智慧课堂的实施策略

第三篇　无痕教学智慧课堂的实践研究

第四篇　无痕教学智慧课堂的实践成果

第一篇

无痕教学智慧课堂的
核心内涵

背景及理论探微

无痕教学的提出虽来源于德育领域，但其彰显出来的人性化和科学性光辉，足以指导一切学科的教学行为。因为其契合教育本真的科学路径，能做到低耗高效，促进全面发展；因为它遵循身心发展规律，依据年龄特征，让心灵放飞。

课堂是学校教学的主阵地，学校实施"智慧课堂"工程是实践无痕教学的最重要路径。我们努力构建自在的课堂，优化学习环境，让这里的学生有良好的学习习惯。我们努力构建自由的课堂，让互信成为一种文化，让每个人都感到心灵的安全。我们努力构建自主的课堂，让一切学习都发生在学生身上，让学生自己学会学习。

一、实施无痕教学的最重要路径——智慧课堂背景探微

在课堂中，学生本是学习的主体，学习应该是学生自己的事。但传统课堂强调教师的"教"，忽视学生的"学"，多数学生是被教会而非主动学会的。教师掌握着课堂的话语权，不断发出指令，让学生无条件地服从和执行，使其自身批判意识逐渐被消解掉。学生要么以教师的眼光来看待教材，去模仿教师的思维方式和行为方式；要么无意识接受自身被客体的现实，去接受教师所给他们的一切认知。

正因为传统课堂过于重视"应试"，只要结果，不要过程，只追求标准答案，以求考得高分，而忽视对文本的个性化解读和学生独特的情感体验。这种教学思维定式导致了中国传统课堂教学方式重演绎、重推理、按部就班、严肃呆板，基础虽扎实，但缺乏创新意识。因此传统课堂教学在培养学生学习能力方面存在如下问题。

（一）学生会"答"不会"问"

学生缺少创造性思维，是因为他们会"答"不会"问"。在传统的课堂中，为了"解惑""应考"，教师要求学生有条不紊地推理、演算，用标准格式正确回答课堂提问，正确解答习题或试题。学生只能学会按标准答案作"答"，无法学会"问"。

（二）学生会"记"不会"思"

学生缺少创造性思维，是因为他们只会"记"不会"思"。在课堂上，教师为了把知识讲多、讲透，并强调可能出现的问题，常常占用了很多的时间；学生忙于听、苦于抄，只知道教师讲了什么，无暇思考为什么。久而久之，学生的思维就有了惰性，就不愿思考，不会思考。

（三）学生会"仿"不会"创"

学生缺少创造性思维，还因为他们只会"仿"不会"创"。应试教育，教学方法往往以模仿为主："一例一类题，照葫芦画瓢。"过多地安排模仿性练习，把思路训练模式化，虽然有利于掌握基础知识、训练技能，但在很大程度上忽视了学生应用意识的培养，影响了学生创新意识的提升。

因此转变传统课堂观念，建设新型智慧课堂教学模式，就是为唤醒学生主体意识并使他们确立自身的主体地位，启发和促进学生积极性、自主性和创造性的发展，从而把课堂还给学生，把学习还给学生，使学生的学习能力得到最大限度的开发和提升；也为学生的终身发展奠定了坚实的基础。

二、实施无痕教学的最重要路径——智慧课堂理念解读

实小的发展正逢"互联网+"浪潮的迅猛冲击，信息技术的飞速发展从根本上改变了信息传播与获取的方式，推动以开放、共享、交互、协作作为核心的新的学校课程文化的构建。学校自2012年就开始步入"融合信息技术、创建智慧课堂"的课堂教学改革。学校致力于打造的智慧课堂指的是信息技术背景下的高效课堂。这是一个以学生为主体，以学情为主导，让教师做助推，全面呈现学生主体学习，培养学生自主学习能力、自我管理能力、自我发展规划能力的课堂。

（一）我们的基本认识

（1）教育信息化构建新的自主学习环境，能实现实体化学习空间与网络学

习空间的相互融通，让学生拥有不受时空局限、真实世界与数字化虚拟世界高度融合的、资源无比丰富的学校环境。

（2）教育信息化通过开放的交互工具，促进教师、学生、媒介资源多向度、多层级的动态互动，促进教师的个性化诊断和交往，实现教学的精准化定位；促进个体学习方式向协作互助学习方式转变，使现实空间结成的学习共同体能在虚拟空间实现交互式学习。

（3）教育信息化促进学生课下自主学习与课上教师引导相结合形成课堂翻转，能在当前大班制条件下，兼顾班级教学机制与个体化学习的需求。

（4）现代信息技术在学校教学环境的建设上重点表现为教室不断"升级换代"，由传统教室转变为如今有现代信息技术支撑的智慧教室。这种智慧教室环境表现为能优化教学内容的呈现，便于学习资源获取，能有效促进课堂交互活动的开展，是一种具有情景感知和环境管理功能的新型教室。

（二）我们的具体行动

学校于2012年底率先启动信息技术与教学的融合，历经多年的实验、磨合、改进，逐步搭建了云端结合的智慧教学支撑环境，建设了智慧教室项目专用平台，实现了教与学资源的统一存储管理与统一使用，构建了校本资源共享机制，为教师提供了"智慧"的教学环境，为学生创设了个性、自主、探究的学习环境，见图1。

图1

创建智慧课堂，学校主要展开以下实践探索。

1. 国家课程微课化，让学习有更多个性化空间

学校首先在网络课程建设上引进普及性的人教社数字教材及人教E学系

统，其中包含大量的微课视频解析，满足了高效课堂中"先学后教"的学习形式的改变的需求。同时，学校一线教师结合学生学情特点，先后查找制作优质微课视频500多个，有针对性地解决了学生学科学习中高频易错的难点问题。学生可以根据自己的学习情况，通过网上微课视频选择一次性学习或多次反复学习，让学习有更多个性化安排的空间。

2. 校本课程数字化，让学习随时随地展开

"晨诵""午练""暮韵""男足""女舞"是我校一日特色化校本课程。每一门课程我们都组成一个教师团队，把校本课程制作成一段段教学视频，放到学校无痕教育微课平台上，充分利用碎片化的学习时间，迎合小学生学习心理特点和学习习惯，让学生的学习能随时随地展开，也让教师的教学工作有了更大的主动性。

3. 信息渠道多元化，让教学资源丰富多样

智慧教室集成的多种信息渠道，让教师可随时调用云服务器中的教学资源融入课堂教学，丰富教学资源，形成多样性的教学资源组合，给教师的教与学生的学提供极大的便利，有效促进教学目标的达成。学生的学习在文字的基础上又增加了多媒体元素，充分调动学生的各种感官参与学习，使课堂教学变得更丰富、更生动、更活跃。

4. 师生互动"平板"化，让交流沟通更有效

学校的"智慧教室"建设实现无线网络的覆盖，教师端电脑可与学生端平板电脑进行即时互动，在课前、课后都可使用系统向学生端平板电脑发放资料。教师可将资源直接发送给全体学生，也可以根据学生不同的学习状况或特殊的学习需求，选择给某一位或者某几位同学发送资料，从而有利于个性化学习的开展。学生可以上传自己的资料至大屏幕，与教师和同学分享，从而有利于师生、生生互动。

5. 教学测评动态化，让评价实现"促学"功能

教师利用"智慧教室"的测评系统设置各种问题，如选择题、判断题、主观题、研讨题、实践题等。学生可以直接使用平板电脑答题，完成练习或书写文案。教师可以通过电脑的教师端快速收集学生的作答信息，完成数据的统计、分析和处理，及时掌握学生的学习情况。在智慧课堂，教师可以随堂批改学生作业，通过教学软件，还能直观地分辨学生学习过程中出现的薄弱点，实施有针对性的讲解。课堂教学过程中出现的疑难点可在课内解决，提高了学习课内学习效率。

学校"融合信息技术，创建智慧课堂"的实践探索，为全市教育信息化实践提供了具有可行性的范例，受到各级领导、教育主管部门及社会各界的充分肯定。2014年4月，我校成功举办以智慧教室背景下高效课堂研究为主题的教学开放日活动。来自广东省各地区和全市各镇区约2000名教育界同行参加了本次活动，东莞市人民政府顾问宋涛、市教研室主任王健等领导莅临指导。同年4月，东莞市"基于小学高效课堂研究的教学模式项目协作联盟交流研讨活动"在我校成功举行。500多名教师参加，市教研室主任王健对本次交流研讨活动做总结，对于我校在高效课堂研究和实践中所取得的成绩再次给予了高度评价。2015年12月，我校再次成功举办以"无痕教学·高效课堂·智慧教室"为主题的教学开放日活动，见图2。来自市内外近3000名教育界同行参加本次活动。市教育局领导及教育界同行给予我校高效课堂高度评价。

图2

智慧课堂之所以"智慧"，在于实现了三个"打破"：

（1）智慧课堂打破教师"灌输"的教学流程，变"传递、讲解、评价"的教学为"出发、交流、分享"的教学。

（2）智慧课堂打破学生"听讲"的学习方式，变"习得、记忆、巩固"的学习为"探究、反思、表达"的学习。

（3）智慧课堂信息技术的融入打破学生与学习资源交流的界限，为学生提供多元学习资源和体验，通过信息技术手段让学习随时发生。

实施方略

一、智慧课堂契合学生的学习规律

学生是教育实施的对象，如果没有学生，教育也就不存在了。智慧课堂强调的学生观是充分契合学生的学习规律。

（1）学生是活的，他们具有一定的生活和学习经验。教师要学会找寻学生"有"的东西，不要完全忽视他们过去的学习和生活并试图"填满他们"。学生不是由教师"讲"会或者"教"会，而是他们自己通过理解、感悟等行为"学"会的。因此高效课堂就是要避免"没有老师，学生不会学"的被动，要大胆鼓励学生在没有老师的情境下自主学习。

（2）学生是发展的，他们现在欠缺的东西恰恰是他们要通过学习获得的。"如何学习，如何合作，如何管理自己"，正是智慧课堂可以通过多种教学活动传递给学生的。

（3）学生是有想法有头脑的，教师应该鼓励他们形成自己的看法并说出来。智慧课堂则能创设良好学习氛围，多种学习活动，让学生愿意开口说，主动说。

（4）学生的成长是真实的过程，只有经历了"错"才知道"对"。传统课堂一味追求"正确"，不允许学生在课堂上犯错，而这恰恰违背了学生学习的规律：只有发现错的，才能找到对的。而智慧课堂开展的学习活动，就给学生提供了发现错误、追求真理的探知过程，错误恰恰成了学生学习的资源，了解错误的根源就是帮助学生找到走向"正确"的路径。

（5）学生需要从同伴处学习，需要适应群体的生活。就儿童学习规律来说，"模仿"是他们与生俱来的一种学习方式，他们一直通过向周围模仿而进行学习。而智慧课堂更积极、更开放地为学生创设"同伴合作"的学习机会，鼓励学生大胆实践。

二、信息技术的融入助推课堂高效

智慧课堂是用信息技术手段和工具重塑三组关系——教与学的关系，师和生的关系，资源和人的关系。信息技术的使用改变了以往课堂的学习流程，改变了师生教学关系，为课堂学习带来高效。

例如，微课在移动学习端的使用，使学生除了书本外有另一种形式的更丰富的学习资源，而丰富的资源是学生自主学习的前提。首先，学生通过有软件支撑的平板电脑，可以从资源库获取资源，可以从教师的微课程获得资源，更重要的是学生可以从同学中获取资源，从网络中获取资源。资源获取的过程就是学生自主学习能力锻炼的过程。其次，平板电脑的使用可以实现将学生的学习痕迹形成大数据，这些数据有助于对学生的学习行为、兴趣、方式进行分析，从而激发和培养学生更强大的自主、合作、探究的能力，让他们产生更多更新的东西。最后，信息技术的融入让课堂的交流更为宽松，交互性更强。比如师生之间的交互，生生之间的交互，课内课外知识的交互，通过平板电脑这样的工具轻易实现，为课堂学习带来高效。

三、"一模三核六策略"的落地实施

（一）"四学五明"模式的推行

具体内容详见"一模三核六策略"概述中对"四学五明"模式的推行的介绍。

（二）"四学五明"模式带来的改变

1."个体自学"是在学习指引的引导下，设置专门的课前预习模块

把传统的"先教后学"颠覆为"先学后教"，强调的是学生自学，为学生自主诘问文本，发现问题、提出问题提供了现实的可能性。因此"个体自学"通过以下几项内容让学生的学习能力发生了改变。

（1）学习指引中把学习目标还给学生，让学生清晰了要学什么的问题。

（2）学习指引中把学习流程还给学生，让学生学会课前进行学习资源的整合，自主学习，而这学习流程的前置，保证了课中个体学习的有效开展。

（3）学习指引中把学习检测还给学生，让学生学会了课前基础知识的自我校正。

（4）学习指引中把学习质疑还给学生，让学生学会了对"前人的认识"和

"现成的东西"进行审视，并大胆诘问，为下一步课堂中开展的学习活动提供学习探究的依据。

（5）学习指引中把学习评价还给学生，让学生学会了提炼学习方法，实现学习能力的提升。

2."组内合学"是以"对学""群学"的形式展开

对学和群学，是合作式探究式的学习方式。合作探究是指对问题深层次内容的共同研究与探讨，是更高级的思维境界。学生通过这样的学习活动大大激发了学习的兴趣。大家因为相同的任务目标聚在一起，为达成目标而学会认真探讨、争辩、分析、提升，同时通过了解、学习别人的观点，学会检视自己的思想，从而不断超越自己对事物的既有认识。而每个孩子又在这样合作学习中养成了妥协、鼓舞、坚持、包容等意志品质。

3."班级展学"是学生展示个体自学成果和展示小组合作学习成果的汇报活动

"班级展学"注重两个方面：一方面是注重学生在自学过程中的个性化情感体验和独特视角下对文本的解读；另一方面是注重学生对文本的深度质疑，真正开放了教学过程，把学习与表达的"自由权"交给了学生。"班级展学"带来的改变：学生的思维活了，语言活了，不仅用更为有效的方式深入地感悟语言的精妙，而且在相互碰撞中迸发出智慧的火花以及创造与批判的热情。从而在智慧课堂下，教师和学生各自的文化理念和经验知识在不断碰撞中得以整合，即实现了课堂的"文化合成"。

校本研修途径

《中国教育改革和发展纲要》指出：振兴民族的希望在教育，振兴教育的希望在教师。建立一支具有良好政治业务素质、结构合理、相对稳定的教师队伍，是教育改革和发展的根本大计。为促进教师专业发展，教育部高度重视各地开展教师培训工作，全面提高教师队伍素质，深化教育改革，着力于培养一支高素质的教师队伍。校本研修是促进教师专业发展的重要方式之一。校本研修源于学校课程和整体规划的需要，是学校立足自身发展的实际，以改进实践为目的，以问题探究为核心，以研训一体为特征，以学校资源为依托，以合作研习为形式的实践活动，由学校组织校内研修活动能够满足教师工作需求。在校本研修过程中，学校是教师学习的主战场、是教师自身专业成长的基地，研修活动为教师的可持续发展提供广阔平台。随着云计算、大数据、移动互联网等新一代信息技术的发展，智慧课堂这一新型教学环境进入人们的视野。智慧课堂为教师创新教学模式、转变教与学方式、提升专业发展水平提供了可能，但应用智慧课堂开展教学对教师也提出了更高的要求。从信息技术装备方面来看，智慧课堂主要由无线路由器、课堂教学支撑系统、学习终端及应用软件三个部分组成。教师在智慧课堂环境下完成教学任务，达到教学目标必须掌握如何使用课堂教学支撑系统、学习终端及应用软件；新技术和新设备的应用对教师的教学观念、教学技能等也提出了新的要求。智慧课堂对教师专业发展有着如下几项具体要求。

一、智慧课堂对教师专业发展的要求

（一）对教学观念的要求

教师的教学观念是教师在实践和思考中不断深化自身对教育教学的认识和理解，彰显自我个性的积极而自觉的教育价值追求和教育信念。它在引领教育实践、促进智慧型教师成长和成就教师教学个性等方面体现出其教育价值。学校在打造校本"特色课程"的同时，注重教师的个性化发展，设置了"个性课程"。例如语文教学，学校要求教师开展一系列的特色课程（对联课程、小古文课程、吟诵课程、写作课程、表演课程、讲故事、排课本剧等），有的侧重于识字写字、有的侧重于阅读、有的侧重于写作。这样的课程设置改变了传统课程"一刀切"模式，需要教师转变教学观念。

（二）对专业知识的要求

知识素养和能力结构是影响教师质量的关键因素。专业知识是教师专业素质的主要内容之一，是教师开展正常教学，保证教学品质的必备条件。学校在推进智慧课堂的同时，要求教师具备扎实的专业知识（包括学科内容知识、学科教学法知识以及相关的课程知识），知道如何解决学生可能遇到的困难，以"教师实践问题"为基础，注重培养学科教学知识，培养教师的学科整合能力。

（三）对教学技能的要求

教学技能是教师必备的一种职业技能。它要求教师在教学过程中，依据教学理论，运用专业知识和经验教学，使学生既能掌握基础知识，又能受到思想和观念的教育。教学技能又可细分为教材处理能力、教学设计和实施能力以及个别化教学能力。

教材处理能力：在智慧课堂环境下，教师需要认真研读教材、研究学情、明确教学目标及要求，提前一周将学习指引编制出来，与同组教师讨论，确认后通过平板电脑发送给学生（课前应用多媒体展示）。

教学设计和实施能力："无痕教学"即学生在课堂中积极主动学习，教师的教学痕迹不明显、不牵强，淡化教法、强化学法，强化自主、互动、合作，以求教人自教效果。智慧课堂背景下的高效课堂要求教师能够将微课、翻转课堂、平板电脑教学运用等元素有机地结合，将先学后教、小组合作、启智答疑等"无痕教学·高效课堂"理念贯穿始终，力争整体教学设计精巧、过程流畅、互动充分，体现学生自主学习、互助学习、创造性学习的特质，使课堂异彩纷呈。

个别化教学能力：在个体自学、组内合学以及班级展学阶段，教师要深入学生中间，了解学生的学习进度和状态，对偏离学习活动的行为予以纠正；对有困难的学生给予帮助;重点关注合作有障碍的小组;及时对"学生共同体"的学习状态进行评价;认真倾听学生的汇报,对有争议的问题,引导全班开展讨论;把握好正确方向,适时适度讲解、点拨;灵活处理偶发事件。

(四)对专业情意的要求

在布鲁姆的教育目标分类中,情感领域是与认知、动作技能并列的三个专业领域之一。教师专业情意是教师对教育事业的感情与价值观的融合,是教师对职业的态度,是教师专业发展的动力源泉。教师的专业情意可分为专业理想、专业情操、专业性向和专业自我四方面。智慧课堂是一种新型教学环境,为了保障在新型课堂中顺利开展教育教学活动,教师需要接受更多的相关知识培训,在项目开始之初,教师的压力必定很大。工作负担增大则需要教师具备更高的专业情意、具备崇高的职业道德精神,形成对教育教学工作更理智的价值评价观念,明确个人人格特征,厘清个人对教学工作的个性倾向。

二、四个校本研修途径

教师专业发展途径主要包括教师培训、校本教研和教师个人的学习。曲铁华、牛海彬认为:校本培训、反思教学、行动研究、教育对话和叙事研究等是促进教师专业发展的最有效的途径。智慧课堂环境对教师专业发展提出了更高的要求。为促进本校教师专业发展,本文提出了专家引领、组建实践共同体、提供智慧课堂技术支持以及推行"未来教育家"工程四个校本研修途径,希望通过这些途径更好地促进教师的专业发展。

(一)专家引领

教师在专业成长道路上需要不断地学习。结合东莞松山湖实验小学实际发展情况,本文提出了两种专家指导模式,即基于网络的异地指导与基于真实情境的实地指导。其中,专家团队由核心专家(主要指理念与技术应用指导专家)、专家型教师(一线具有智慧课堂应用经验的教师)、研究生(教育技术及学科教学硕博研究生)以及网络优质教学资源构成。校内教师经过实践与探索逐步成长为专家型教师。松山湖实验小学经过三年实践,已初步形成一支由具有教育信息化管理理念的校长、教导主任、信息中心主任等组成的管理队伍,以及一批具有信息素养的各学科试验教师队伍。专家群对教师进行指导的两种方式见图1。

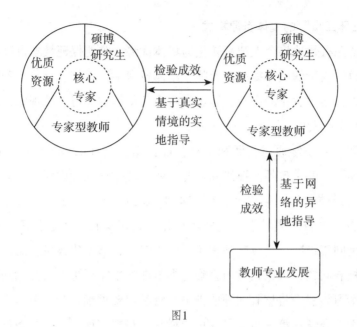

图1

（二）组建实践共同体

　　组建教师实践共同体，是促进教师专业发展的重要举措。在实践共同体中，教师可以通过协作的实践活动，增长自己的学科知识和教学经验，促进自身的发展。在智慧课堂教学应用过程中，松山湖实验小学围绕实践共同体开展以"集体备课""'青蓝'工程""专题讨论"为主题的校本研修活动，见图2。

图2

1. "三环四步"的集体备课模式

集体备课有效地将个人智慧转化为集体优势，既能保证教学进度的统一，也能保障教学质量的整体提高。教师在集体备课中，凭借已有经验和独特的自我表现形式，通过意见的交换、思想的碰撞、集体的探讨，实现知识的共同拥有与个性的全面发展。

松山湖实验小学通过实践和反复验证提出"三环四步"集体备课模式。所谓"三环"，就是教师们在研究教材时要一环一环地考虑问题：第一环，研究本册教材总体要求；第二环，研究本组教材的教学目标；第三环，研究本篇（节）教材的教学重难点。这样环环相扣，确保目标不会偏离。所谓"四步"，就是同年级同科几位教师按照"四步走"，落实集体备课的任务：第一步，拟定核心问题，根据教材内容确定本节课学生需要重点研究的问题；第二步，编制学习指引，将核心问题放进去，将学习要求细化为学习指引，便于学生开展独学、合学；第三步，寻找拓展材料，材料应该尽可能与教材内容匹配起来；第四步，交流课后反思，这一步在完成教学之后，大家在一起说说自己执行这份学习指引的课堂情况，及时总结经验得失，互相借鉴，同时为更好地改进后面的教学做好准备。"三环四步"集体备课模式只是一个基本的要求。对于新教师，集体备课时第一阶段是套用模式；随着教师教学经验增长，在第二阶段使用模式时可在模式基础上进行变式；第三个阶段是超越模式，达到无模而模的效果。

2. "青蓝"工程

好学校依赖于好教师，优秀教师是一所学校发展的灵魂，打造一支优秀教师团队是促进学校发展的基础。青年教师刚入校时活泼、热情、充满朝气，虽然工作经验不足、缺乏自信，但其可塑性强。为促进青年教师的健康成长，使其尽快成长为骨干教师，推动学校教育教学更上一层楼，松山湖实验小学启动了"青蓝"工程。该工程以"师徒结对"的形式，为新教师的成长搭建一个平台，通过师徒同课同构、同课异构，促进青年教师教育教学研究及业务素质的不断提高。

3. 专题讨论

为加强教师之间的交流，学校鼓励教师根据自己的兴趣或要求组建各类讨论组，定期开展"专题讨论"活动，讨论主题不限。学校为支持各讨论组的发展，为其提供基础硬件设施和网络资源等软件，鼓励各教师结合自身经验参与讨论，在讨论过程中逐渐成长。

（三）提供智慧课堂技术支持

信息技术的发展丰富和拓展了教师专业发展的途径，智慧课堂环境对教师的信息技术能力提出了新要求。为提高教师信息技术应用能力，松山湖实验小学采取以下措施：首先，请专业技术人员进驻课堂，帮助教师解决其在教学实践过程中遇到的各种技术性问题，实时实地指导教师使用新设备开展教学；其次，有针对性地对本校教师开展智慧课堂专项技术培训，消除教师使用智慧课堂的心理障碍；最后，规定教师在智慧课堂中上课的次数，通过任务驱动帮助教师更快熟悉智慧课堂相关的教学设备，让教师熟练应用平板电脑进行教学。

（四）推行"未来教育家"工程

《国家中长期教育改革和发展规划纲要（2010—2020年）》明确提出"倡导教育家办学"，"努力造就一支师德高尚、业务精湛、结构合理、充满活力的高素质专业化教师队伍"。习近平总书记指出，教师是立教之本、兴教之源，承担着让每个孩子健康成长、办好人民满意教育的重任。办好人民满意的教育，首先要有一批优秀的教师队伍。"造就一批教育家，倡导教育家办学"，已是时代的呼唤、人民的期盼、国家的意志。"未来教育家"工程旨在鼓励在自己专业领域达到一定高度的部分教师向着更高的目标迈进。教师专业发展必须深入课堂，因此我们希望通过"未来教育家"工程引导和启发教师在教学上进行深入研究、发现问题并解决问题。

总之，校本研修是促进教师专业发展的重要方式，是学校长足发展的重要保障。学校应通过开展校本研修活动，提升教师教学观念、教学技能、专业知识和专业情意等，从而适应社会发展和教学改革。智慧课堂环境使教师专业发展趋于多元化和个性化，落实于围绕实践共同体的活动设计中，提升了教师的教学理念，增强了教师终身学习的使命感。松山湖实验小学结合信息化发展现状，立足学校实际情况探究出适合学校教师终身发展的研修途径，让教师在研修中发展、成长。当前校本研修仍有许多问题亟待摸索解决，期望今后学校校本研修能突破更深层次的问题，使校本研修对教师专业发展的促进作用更上一层台阶。

第二篇

无痕教学智慧课堂的
实施策略

"一模三核六策略"概述

一、一模即课堂"四学五明教学模式"

四学（学生）：　个体自学　　组内合学　　班级展学　　评测促学

五明（教师）：课前明要求、自学明进展、合学明问题、展学明关键、促学明效果

第一步：学生根据教学指引自学，预习自己解决力所能及的问题，标注出疑难问题。教师上课前要明确学习要求、目标、方法；学生自学时要自查自学的进度及效果。

第二步：学生以小组为单位，在组长的组织下，提出学习问题，通过组内小展示的形式解决部分问题。教师明晰学生组内学习过程中暴露出的问题。

第三步：学生各小组派代表进行班级大展示活动。教师在展学时要明辨学生学习中存在的共性问题和解决问题的关键点，并有的放矢地进行引导、讲解和示范。

第四步：学生完成检测纠错并整理纠错本。教师评测后要对学生的掌握、达标情况做到心中有数，为安排下一步学习活动提供依据。

二、三核即课堂教学三个核心原则

（1）每节新授课至少有一个学生自学内容。

（2）每节新授课至少有一个学生自己找问题的环节。

（3）每节新授课至少有一个学生讨论解决问题的过程。

这三条基本原则能从内容、时间、方式等方面促使学生进入课堂学习的主体状态，即在内容上充分调动学生通过原有认知基础去完成新知识的自我建构；从时间上保证学生在课堂中有足够的合理学习时间；在方式上保证学生基于问题探究的学习路径。当我们在课堂教学中贯彻这些原则时，学生自身的原生态学习资源得以充分地利用，学习兴趣和主动性增强了，课堂上学生有了更多思考的灵动，所学的知识也更加丰富、更具有迁移性。

坚持这三条教学原则，能促进教师改变多年的教学惯性。比如，在以往的教学中，教师精彩地表述，巧妙地提问，诱导课堂展现戏剧性高潮，已经是许多教师奉为教学"真经"的一贯做法，而按照三条教学原则，教师更多的是要让学生自己提出问题、解决问题，这就必然使得教师的教学设计要发生实质性的变化，教师备课时的思维聚焦从"自己提出什么问题让学生思考"要转到"怎么样让学生自己提出有意义的问题"。再如，在以往的课堂上，师生的互动对话都是按照教师的教学预设、学生在老师的掌控下沿既定的思路展开，而按照三条教学原则，学生找问题、谈问题，其课堂的生成必然是多元的、丰富的。

三、六策略即课堂教学六项辅助策略

（1）基于学生小组合作建设的学习生活一体化评价体系。

（2）基于教学模式流程的学生和教师行为训练。

（3）基于智慧教育的课堂信息技术应用。

（4）基于均衡发展和个性化成长的教师成长工程。

（5）基于同年级同科组教师通力合作的"三环四步"集体备课。

（6）基于大数据督导的师生考评管理。

评价体系策略

"无痕成长共同体"是指班级建立的由一定数量学生组成，共同致力于成员在品德、习惯、文化、特长和能力等方面相互促进，相互影响，共同成长，以达成学校"对每个孩子终身发展负责"理念的学习生活共同成长团队。其目的是将共同体打造成为学生的学习共同体、道德养成体、文化共享体和精神归属体。在这个过程中，教师不仅要唤醒学生的生命自觉，使学生成为主动发展之人，还要实现自我价值，促进专业发展。

松山湖实验小学小组合作指南

一、分组

（1）分层。教师按不同的学业成绩、心理特征、性格特点、兴趣爱好、学习能力等方面将全班学生分为A、B、C三层。分层考虑三方面因素：学习习惯、学科喜好和管理能力。

（2）结对和分组。两人小组：适合低年级，以两个人为一组，互帮互助。四人小组：根据学习、管理等综合能力，将四个同学分别定义为A（最强）、B（强）、C（中等）、D（最弱）。其中AD，BC分别为互学对子。A引领指导D，BC相互帮助，解决学习问题。八人小组：由两个四人小组组合而成，一般用于大型实践活动，两个月分别担任组长和副组长，统筹安排小组工作；教师按"组内异质，组间同质"的原则对学生进行分组。"组内异质"为互助合作奠定了基础，而"组间同质"又为组间展开公平公开竞争创造了条件。"同质结对"是指在组内实行同层次学生结对，便于开展"对学"。

二、分工

（1）每个小组设组长一人，负责学习事务；副组长一人，负责生活事务；组员分工合作。

（2）小组合作学习成员角色及任务。在课堂学习中，共同体成员在A层次学生的安排下都有各自的学习任务，一般遵循的原则是"C层展示，B层补充，A层点评与提升"，杜绝以A层次学生为主体的展示专业户，而B、C层次学生则沦为课堂的看客和听众，被动接受课堂知识的情况发生；按照智慧课堂小组组建"人人有事做，事事有人做"的要求，课堂外，班级可分配为每个共同体一定的班级事务，承担一定的班级责任。

三、排位

（1）二人小组（建议一二年级执行）。

（2）四人一组（建议三年级执行）。四人小组：A—D，B—C分别为学习对子。

（3）六人一组（建议四年级以上执行）。

A	B	A	B
D	C	D	C

这样安排，既有利于同质交流，也方便异质帮扶，特别能发挥A层次学生在课堂的带动和帮扶作用。为使B、C层次学生不至于太集中，学习共同体可将B、C层次学生调换位置。在以后的学习中，如果组长或组员感到不适合的话，班主任还可以在组内微调座位。

四、文化

（1）组名：小组成员讨论确定组名。

（2）组训：小组成员讨论选择名言、警句，形成组训，写在组标上。

（3）确定目标：小组成员制定本学习小组阶段和长期奋斗目标，如：在遵规守纪、行为习惯、预习效果、课堂展示、学业成绩等方面要达到什么样的目标，在班级的所有团队中要达到什么样的水平。要求目标清晰，人人明确。

（4）小组公约：小组成员讨论确定必须遵守的行为准则。

（5）制作组标：小组成员制作学习小组标志牌，放置本组桌面，时刻警醒、激励团队永远向前。

（6）小组成员每周在课室四边墙上公告小组信息。

案例：三（2）班学习小组的建组资料，见表1。

表1

组名	雨花石		
名称解读	我是一颗默默无闻的小石子，经过不停地打磨，我会变得光彩夺目。		
口号	我做主！我参与！我进步！		
目标	人人参与，共同进步。		
团队公约	服从组长的合理安排。 组内成员要团结一心，认真完成各项任务。 积极参与组内各项事务。 互帮互助，团结合作。		
职务	要求	责任人	职责
小组长	学习基础好	赵　婷	负责检查预习、背诵作业，批改口算抄写作业，等等组内帮扶工作。
副组长	组织能力强	张诗婷	负责生活工作的分工和检查，协助小组长做好帮扶工作。
成员	自控能力强	叶恩彤	负责检查课前准备、收发作业、管好组内纪律工作。
成员	责任心很强	田鸿翼	负责卫生工作的分工与保洁，课后桌椅摆放工作。

"无痕成长共同体"评价晋级方案

一、日评

（一）评价内容

（1）课堂评价：由当堂任课教师评价，不管采用什么评价方式，凡每节课位列班级前50%的共同体加1分。

（2）自习评价：晚自习由看班教师进行评价，每节自习评选50%的优秀共同体，每获评一个优秀共同体加1分。

（3）作业评价：依据作业上交情况和完成质量评价。凡与A+或满分等同的每次作业可为共同体加一分。凡出现不按时上交、抄袭作业及作业质量被教师批评的，每出现一例减1分。

（4）品行评价：从安全、卫生、路队、两操、文明礼貌等方面综合评选，良好的行为每次加一分，不文明行为每次扣一分，每天综合品行评价总分。其中50%的优秀共同体可在日评总分中加1分，出现严重违纪减1分。

（二）评价统计

综合各项记分，每日进行统计排名。每日排名位列班级前50%的班级共同体，可获得1个周晋级积分（得星星一枚）。日评优胜共同体和最后一名的共同体，班级可有个性化的奖惩措施。

二、周评

（一）评价内容

（1）日评积分。

（2）周积分：凡举办一次班级活动，均评选50%的优秀共同体，每获评一次优秀可获得一个周晋级积分。

（3）宿舍积分。

（二）结果利用

（1）周积分第一的共同体被评选为周优秀共同体，由班主任在班级博客公布栏公布，用家校通及QQ进行表扬。

（2）周积分第一的共同体成员可获得一张"阅读卡"，利用阳光体育自由活动时间分批到教职工活动中心阅读1个小时或是其他奖励。（后附实验小学"共同体"奖励项目）

（3）周积分最后一名的共同体成员周五下午必须在教室反思一节课，分析落后原因，提出改进措施。反思结果张贴在教室显眼处。

三、月评

（一）评价内容

周评积分（星星的数量）。

（二）晋级办法

累计周评和月考所获得的星星，4颗星星转化为1个月亮，4个月亮转化为1个太阳。

（三）结果利用

根据当月晋级情况每月评选1个月优秀共同体，小组长由学校安排在食堂享受一顿荣誉餐。学校给小组成员统一照相，并在学校展板、校园网站、班级博客、QQ群、家校通中予以宣传。

四、期评

（一）评价内容

（1）月评积分。

（2）成绩评价：在期末考试中，获总平均分前50%的共同体，可直接获取两颗星星。

（二）结果利用

（1）共同体在班级全学期的晋级中位列第一名的，学校将给予组长和共同体成员专项奖励。以上获得奖励的共同体成员将由学校在下一学期的开学典礼上予以表彰。

（2）在班级全学期的晋级中位列最后两名的共同体成员，学校将取消其系列评选优质资格。

班级评价表，见表2。

表2

项目 组别	学习评价		品行评价	日得分	周积分	月积分	总积分
	课堂表现	学习效果					

智慧课堂好习惯训练流程

一、好的鼓励行为

好的鼓励行为可以促使同伴参与，防止歧视，调节气氛，化解冲突，创造一个安全、和谐的学习环境。

（1）在整个交流过程中，我们要注意体态，非常专心地看着发言者，身体前倾，微笑，点头，竖大拇指，做简单地记录，这是给同伴最好的礼物。

（2）如果同伴自信不足，我们可以这样鼓励："没有问题，试一试。""回答错了也没关系。""其实比过去好多了，这一次也试一试。"

（3）面对有困难的同学，我们可以这样说："没有关系，我们一起看一看……""其实你的这个观点有了进步……""这一点我也同意……""我感觉不完善，我来补充一下……"

（4）面对发言太长的发言者，我们可以这样说："我们是不是请……先讲一讲。""今天是不是让……先发言。"

（5）发言结束后，我们可以这样小结："与上次相比……""这一（几）点与我想的完全一致。""没有关系，我补充一下……""你们几个的观点合在一起便回答全面了。"

二、好的主持行为

主持人是合作学习的核心成员，负责组织成员的学习、讨论、总结、交流，其具体工作内容如下：

（1）做好分工，让更多的同学都有自己的角色。

（2）保证所有的同学明白活动主题与讨论内容。

（3）尽量不要一看问题就开始讨论，而是先自主学习。

（4）组织成员讨论，让成员发言机会均等，防止一部分人讲得过多，而另一部分人没有机会；控制发言总时间，防止前松后紧现象；负责做好记录。

（5）组织小组在合作介绍时进行小结，保证形成小组意见。

（6）组织小组参与全班集体交流，组织本组成员评价、分享其他组观点。

三、好的交流行为

建立一种和谐、坦诚、民主、开放的环境，对于合作中好的交流非常重要。

（1）交流是平等的，人人都有发言机会。遇到不善于发言的同学，你应该鼓励他："没有问题，我们听一听你的意见。"遇到讲得多的同学，你应该提醒他："我们是不是听一听……的意见。"

（2）同伴交流是互相尊重的，遇到不同的意见是很正常的，出现不完善甚或错误的答案也是正常的，你不要因此而计较、生气，更不要互相指责、抱怨。面对完全认可或相同的意见，你应该鼓励对方："我同意他的……""我与他的一样……""我支持他的观点……""我欣赏他的这一点……"同意部分观点的，你应先肯定对方，同时补充自己的观点："我同意他的这一点……不过我也有补充……"当他的意见与你完全不同时，你可以讲出自己的观点但不要指责："我与他的不同，我想讲一讲我的观点……不知是不是合适。""我不同意你的观点，因为……""我认为你的观点存在下面的问题……"

（3）小组交流都是主人。小组合作同伴间发生争论是正常的。如果你是争论者，要考虑到其他同学："就我们两个争了，你们也讲一讲。""你同意谁的观点？""你说我的这一观点有没有道理？"即使你不是直接争论者，你也要积极参与："我同意（不同意）……的观点。""我不同意你们两个的观点，我认为……""我认为你们两个实际上讲的是同一个问题……"

四、好的倾听行为

"倾听"是交流的开始，礼貌倾听不仅仅是学习的需要，也是最基本的交往能力。

（1）体态语言：看着发言者、点头（摇头）、竖大拇指、鼓掌、身体前倾、微笑……

（2）如果没有听清楚，再询问同伴或教师："对不起，老师，我没有明白，能不能请您再讲一讲？""老师，是不是这样……不知我理解的是不是正确？""……同学，我没有听清楚，你能不能告诉我一下……""……同学，……意思是不是这样？"

（3）如果有人这样问你，你应该满足他的要求。

（4）当其他组声音太大，影响你们的讨论时，你可以提醒他们："请你们轻声一点儿……"

（5）当有人这样提醒你们时，你们也应该调整自己的声音。

（6）耐心听完发言者的发言，一般不轻易打断。

五、好的发言行为

发言因倾听而存在，良好的倾听可以鼓励发言者的自信。这样，好的发言行为也可以提高倾听的质量。

（1）好的发言姿态：抬头，面对倾听者；可以用手势来辅助表述。

（2）发言声音适中，小组讨论声音要轻，听见即可，不要影响其他小组；如果你发现有人声音高了，可以提醒："嘘，轻一点儿。""我们往一起凑一凑，这样能听得清，也不会影响其他人。""集体交流，声音清晰，保证全体同学都能听见。"

（3）当发现对方不注意倾听时，你应该意识到出了问题。如果对方不明白，你最好换一种方法再讲一次，也可提醒倾听者。

（4）发言如果有几条，你最好这样介绍："我有几个观点，第一点……第二点，……"

（5）如果你代表小组发言，应该这样讲："我们组认为……""我代表小组……"

（6）针对其他小组发言交流时，你应指向小组："你们组的观点……""你们的意见……"

（7）集体交流时发言同样要简洁，有条理。如果感觉自己做不到这一点，可以自己先模拟一下或先请同学听一听，帮助自己完善一下："我先讲一遍，你们帮我听一听。"

（8）一个人不要占用太多时间，也不要太多次发言，要考虑还有其他人。

六、好的求助行为

当自己遇到解决不了的问题或拿不准的问题时，可以去求助他人。良好的求助行为不但可以解决自己的问题，还可以交到朋友。

（1）你可以先看一看对方是不是有时间，是不是愿意："对不起，打扰一下，我有一个问题想请你帮助一下（想与你讨论一下）……不知你是不是有时间？"

（2）如果对方没有时间，你可以再找其他人。

（3）如果你还没有听明白，可以请他再讲一遍："我还是没有明白，你能不能再讲一讲？""你是不是换一种方式给我讲一讲？""你是不是这个意思？我还是不明白……"

七、好的帮助行为

鼓励同伴互助，帮助他人更能提升自己。

（1）如果你没有时间，你可以拒绝他人的求助："对不起，我现在没有时间，你可以找其他同学……""现在我有事，等半个小时可以吗？"

（2）你帮助同学讲解完之后，最后要问一下："不知我是否讲清楚了……""你还有什么问题……"

（3）如果他还没有弄明白，你可以换一种方式来讲解，也可以请他求助于其他人："非常抱歉，我讲不明白了，建议你去找……"

八、好的记录行为

在进行交流合作时，记录员负责记录大家的观点，并提炼出本组的观点。

（1）记录基本功：简洁，如每一条不超过五个字；有条理，最好加序号；多样，可以使用图表等。

（2）认真听别人的发言，如果听不清楚，你可以再询问他一次："我没有听明白你讲了什么，你是不是再讲一次？""你讲的是不是这个意思？"

（3）你可以选择要点，简洁记录；记录之后，可以询问对方："你是不是这个意思？""我这样概括是不是表达了你的意思？"

（4）如果自己不能总结他人的观点，可以请对方总结成简单的几个字：

"请你概括一下你的意思。"

（5）当遇到争议时，感觉不好记录，你可以问他核心观点如何记录，如果他们也讲不出，可以暂时不记录。

九、好的表达行为

在交流时，我们回答问题往往不具体，也没有条理，我们可以使用"表达模板"。

（1）表述自己的观点："我发现了……点，第一点……第二点……""我讲几个方面，首先……其次……再次……我讲完了，请大家提出意见。""我只讲一点……"

（2）针对别人的观点表达自己的意见："我同意（不同意）……的观点，因为……""我同意……的这个观点，但是我感觉还应该补充……""我认为……的观点是存在问题的，因为……如果……正确（不正确）的话，那么……"

（3）表述小组的观点："我们小组认为……""我们小组……的观点非常有趣，我们还是让他自己来讲一讲……""我们小组出现了两个不同的观点，小组内也没有统一，我讲出来请大家分析……"

（4）对他人的观点没有明白："我没有明白你（你们组）的观点，是不是再讲一讲。""你是不是这个意思……你能不能再讲一讲……"

十、好的组织行为

组长保证大家先自学，再讨论；使用发言卡；提醒同伴注意倾听，认真参与；保证小组讨论按时开始，按时结束；询问大家是不是明白今天的讨论主题；交流时使用"循环说"：每次一条不重复；自主学习时，要做记录，记录要有序号；小组记录时，每条不超过5个字，要有序号，如意见不统一，不要无休止地争吵；小组交流时，组长提醒大家要用合适的音量；组织进行小组的总结，让平时不发言的同学发言（可使用记录本），让更多的同学学会鼓励。

组长多讲这样的话："请……发言（说话时看着对方，身体前倾）""你可以再想一想！"

组长不能讲这样的话："你怎么这么笨！""你什么都不会，我们不想要你了。"

好的提醒行为："嘘！注意一点。""我们声音低一点，影响他们了。"

好的鼓励行为："我们是不是请……讲一讲。""没关系。"当大家争论不休时："这个问题我们是不是不要讨论了，请老师来讲解，这个问题太浪费时间了。"

师生行为训练策略

学生智慧课堂规范的训练内容包括语言系统、行为系统、指令系统、倾听系统等，力争让孩子们在课堂上生机勃勃、活而不乱、动而有序、沉于学习、敏于思考、勤于笔记、敢于发言、敢于交流、敢于争辩，学习氛围浓郁、学习习惯良好、学习方法自如，学习积极主动、兴趣浓厚。

通过师生的行为训练以达到智慧课堂要求是保证智慧课堂实现最重要的途径策略。在学校整体推进过程中，不管是基于学生小组合作建设的学习生活一体化评价体系的无痕成长共同体建设和实施，基于教学模式流程的学生课堂学习行为训练，还是基于学习指引建设的教师教学行为训练，学校始终坚持以课程形式来执行，根据教学内容组织人员提前完成各年级适合学生特点的教学课件并实行资源共享，保证上课和训练的时间，并要求班主任和辅导员同时进班上课，有课件，有视频。例如在开学第一周，学校要进行基于学生小组合作建设的学习生活一体化评价体系的训练，所有三年级以上学生全部参训，保证无痕成长共同体建设工作到位，为智慧课堂奠定坚实的组织基础。

为此，教科室组织制定了《东莞松山湖实验小学"无痕教学·智慧课堂"课堂规范》，并结合规范提供了切实可行的训练方法。

一、课前规范

（1）学生拿出学科文件袋，在课桌右上角（根据小组情况安排）摆放好课本、学习指引、文具及其他相关学习用品（使用平板电脑调取学习指引）。

（2）班干部站到讲台前，请全班同学坐端正，然后发出指令，全班集体开展朗读、背诵或者吟诵、唱歌等学习活动。

（3）学生安静地等待老师上课。

二、独学规范

（1）学生根据学习指引，一步步落实相关学习任务，使用符号规范（学科内统一符号）。

（2）除了朗读或者诵读的内容外，要求一个字：静。

（3）学生翻动书本等要轻，凳子尽量不要响动；不要提问或交头接耳，独立完成；遇到与己无关情况不能分神，更不能抬头张望。

三、合学规范

（1）共同体成员快速起立，双手将板凳往后移动20厘米，快速向组长靠拢。

（2）组长手中拿好指引、教材和双色笔，边和小组成员交流，边记载要点，补充完善自己的批注。

（3）音量要适中。

（4）小组内每个人都要发言。小组内成员没有学懂或者存在错误，其他成员要主动耐心提供帮助。

（5）为展学做好准备：组长指定发言者，帮助发言者厘清思路，在小组内预演一下，纠正发言者的不当之处。

四、展学规范

（1）成员代表本组展示，汇报合作学习成果，或者发表个人见解。

（2）展示时尽量脱稿或半脱稿，切忌照本宣科。

（3）展示者声音洪亮，语言流畅、规范，切忌啰唆，准确把握展讲时间，避免拖泥带水，浪费时间；发言完毕，应有礼貌结束，或表示感谢，或请他人补充。

（4）其他人认真倾听，听展时要闭口，切忌中间插嘴，私下议论，嘲讽取笑；要根据展示及师生补充点拨随时记录，不放过每一个重难点。

（5）展示环节中，在展示者展示完后，听展者如有疑问要及时提出自己的观点，其他同学可以进一步质疑对抗。质疑对抗要针对问题，避免不必要的争论。

（6）听展者在补充评价时，要用第二人称，目视被评价者，不做重复、无意义评价，要积极发现优点，中肯指出不足，语言规范，简明扼要。

（7）被点评同学要认真对待他人评价，及时改进。

（8）其他学生对于同学的精彩发言，要真诚地鼓掌表示赞赏和祝贺。

五、听讲规范

（1）在老师讲课时，学生要保持安静，认真倾听。

（2）学生捕捉老师讲课的重点，及时做好笔记。

（3）学生积极开动脑筋思考问题，对于不明白的问题，第一时间举手提出疑问，请老师解答。

（4）对于老师的精彩讲解，学生要以真诚的掌声表示感谢。

六、转换规范

（1）当学习任务发生转换时，学生要做到动作迅速，保持安静，绝不发出与任务无关的声音。

（2）如果任务不明确，学生可举手询问。

（3）对于本组没有行动的同学，组长用手势加以提醒。

七、下课规范

（1）当老师宣布下课时，学生放下所有任务，起立，向老师敬礼，跟老师道别。

（2）没有完成相关学习任务的学生，可以尽快结束手头的任务或者留待其他空余时间及时完成，不能拖拉。

（3）完成任务的学生，把本节课所有学习用品收拾整齐，摆放到指定位置，并做好下节课上课准备。

（4）如到其他地方上课，学生应将桌面收拾干净，将板凳推到桌子下面；中午和晚上放学，要将板凳轻轻放在桌面；课桌周围若有垃圾，及时捡起。

（5）值日的学生，第一时间擦拭黑板。

（6）若全班离开教室，最后一名学生关闭灯、扇。

相应地，学校对教师的课堂教学行为也提出了相应的要求。教科室组织制定了《东莞松山湖实验小学"无痕教学·智慧课堂"课堂教学要求》，这样一来，师生就能朝着共同的目标努力，很快就改变了课堂面貌。

一、课前准备阶段

（1）研读教材、研究学情、明确教学目标及要求，提前一周将指引编制出来，与同组老师讨论，确认后统一印刷（最好通过平板电脑发送给学生）。

（2）提前两分钟到教室门口候课。

二、个体自学阶段

（1）深入学生中间，了解学习进度和状态。

（2）对有困难的学生给予帮助。

（3）对偏离学习活动的行为予以纠正。

三、组内合学阶段

（1）四个明确：明确时间（几分钟）；明确内容（学习教材的第几页）；明确方法（在自学时运用什么方法）；明确要求（思考哪些问题，准备检查）。

（2）深入学生中间，了解学习进度和状态。

（3）对合作有障碍的小组重点关注。

（4）及时对共同体学习状态进行评价。

四、班级展学阶段

（1）认真倾听学生的汇报。对于有争议的问题，引导全班开展讨论。

（2）引导学生互相评价。

（3）多从正面给予肯定。

（4）把控好时间和节奏

（5）把握好正确方向，适时适度讲解、点拨。

（6）决定是否增加学习环节。比如：感情充沛朗读以升华认识。

（7）灵活处理偶发事件。

五、点拨讲解阶段

（1）针对学生自学、合学、群学中的关键问题予以点拨讲解。

（2）语言清晰、表达清楚，能起到"四两拨千斤"的作用。

（3）在讲解过程中，允许学生随时提出自己的疑问，并予以耐心解答。

（4）提醒学生认真及时做好笔记。

六、考核促学阶段

（1）任务布置清楚明确，操作性强。

（2）对困难学生及时予以帮助和指点。

（3）及时组织讲评或互评，第一时间了解学生学习情况。

七、宣布下课阶段

（1）不拖堂，准时下课。

（2）提醒学生做好后续学习的相关准备工作。

（3）提醒学生保持桌椅整齐、关闭灯、扇。

信息技术应用策略

多媒体环境下的教学，改变了单一的教学模式，更新了师生的观念，优化了教学过程，提高了教学效率，其中优质丰富的教学资源为实现课堂高效插上了翅膀。我校的资源建设，对学生而言，即为课前、课中、课后，融入课堂内外，贯穿整个学习过程；对教师而言，即为共享、实践、提升，集腋成裘，水滴石穿。

一、课前，以学为导向的资源建设

我们的智慧课堂不仅关注教师的"教"，更关注学生的"学"；不仅注重学习目标，更注重学习过程；不仅强调自主学习，更强调小组合作；不仅关注学习方式，更关注学习效果。因此，我们改变了传统的"导学案"编写模式，从原先的注重知识训练、偏向知识考核转向关注学习方法、重视学习过程。其本质是教学重心由教师如何"教"转变为学生如何"学"，把教师的教学目标转化为学生学习的目标。例如，四个项目：制订学习目标、编制自学过程、选编反馈练习、确定研究作业。

分层设计内容：A层为记忆类基础知识，B层为简单应用类知识，C层为综合应用类知识，D层为拓展应用类知识；所有人A、B层都要过关，A、B层重点考查学困生；C层主要面向那些中等以上学生；D层面向优等生。

基本模式范例见表1。

表1

学号_____   姓名_____   小组_____   日期_____

目标	
重难点	

学习过程	反馈练习

我的收获:

同伴评价: 优秀○   良好○   合格○

在编制过程中,我们以备课组为单位,分工合作。开学初制订《学习指引》编制计划,每人负责一部分内容,每周利用科组教研时间审核。经过两年的积累,语、数、英三科已初步形成了与教材配套的《学习指引》系列。在学生使用过程中,教师在课前通过智慧教室系统,提前发放给学生,学生利用平板电脑终端下载使用。

除了《学习指引》,微课也是我校资源建设的重中之重。这些资源,不求所有,但求所用。根据我校实际,我们采用以活动促积累的方式,不断丰富我们的资源库。例如,我们通过开展"我最喜爱的微课"搜索活动,从海量的网上微课资源中遴选出适合学生学习的优秀微课。每学期市教育局都会组织优秀微课评选活动,我们采用命题的方式有计划地将教材内容分配到每次活动中。经过几轮活动,我们已经积累了数量可观的微课资源。我校数学科组的张永华和刘益金两位老师经过两年的时间,已经制作、搜集了200多个微课,涵盖了五、六年级数学教材中的所有知识点。

二、课中,以智慧教室为手段的数据积累

我校充分利用装备智慧教室的优势,为学生配备电子书包,将学科内容、学习工具、课外书籍电子化。例如,我们推荐给了学生大量的课外阅读书目,并把这些电子书存储于后台数据库。学生通过智慧教室账号登录阅读,读了哪

些，读了多少都有记录。这样既有个体的阅读历程，也可以通过点击量的多少
筛选出学生最喜爱的书籍。

我们通过设置课堂评测环节，详细记录了每个学生每节课的学习历程，积
累了大量数据。课堂评测的实施，对学生而言，很容易找出每节课学习的不足
之处，再通过微课进行重新学习。对老师而言，可以清楚地知道每个学生的学
习效果，为单个辅导提供了依据。而通过对全班学习效果的整体分析，教师可
以充分了解知识整体掌握情况，随时调整自己的教学。学生课堂答题情况汇总
见图1。

图1

三、课后，以个性定制为特色的项目实践

真正的智慧课堂，既不向课前延伸，也不向课后延伸。我们的资源建设避
免了学生进行简单重复地机械练习，有效地减轻了学生的课业负担。

例如，数学科组进行的学生错题收集项目。课堂上，数学科组利用智慧教
室系统对学生学习效果进行评测，学生学习效果一目了然，易错题也在系统后
台自动生成。这里既有单个学生的错题记录，也有全班的错题分析。数学科组
根据每个知识点配备了知识点评测超市。学生根据自己的学习情况，从题库里
选取自己需要强化的题目，进行有针对性的练习。因此，每个学生就有了属于
自己的课后巩固作业。

再如，语文科组进行的语文教学整体改革实验，其中有一项是吟诵。但是
由于每个学生的接受能力不同，课堂上的统一教学就无法面对这些差异。语文
科组把古诗文吟诵篇目制作成录音，建立了吟诵录音资源库。课堂上没有学会

的学生可以通过录音反复学习，学习能力强的学生可以自己增加学习内容。语文科组通过对几届学生吟诵篇目数据的比较分析，整理出了必背篇目数量和选读篇目内容。

附：

基于均衡发展和个性化成长的教师成长工程策略

让老师能幸福地工作、学生能快乐地成长是一所理想学校的标志。教师的成长是关键，因为有教师的愉悦才会有孩子的快乐。让教师不断地走在专业成长的路上，最大限度发挥自己的潜能，享受着成功的体验，也正是我们学校的追求。

合适的校本培训及配套的管理制度，是教师专业成长的保障。我校是一所刚成立的公立学校。青年教师基本都是今年刚毕业，学历高，有活力，但没有任何教学经验，而中年教师来自全国不同的地域，教学经历、背景各不相同。让新教师尽快地成长，中年教师克服职业倦怠的工作比较急迫。

我们的原则是：不比基础比进步，不看横向看纵向。我们的培训做法如下。

一、岗位培训

1.理念培训（每期1~2次）

（1）专家讲座：听取专家或由相关影视资料编撰而成的主题报告。

（2）教师培训沙龙：听完报告每人提出三个问题，整理后召开培训或读书沙龙，抽签作答并获相应激励，同时穿插团队合作的一些游戏。把理念培训这一枯燥的学习变成快乐的活动，让教师参与其中受益无穷。

（3）外出取经培训："走出去海阔天空，请进来丰富多彩"，同时"专家、大家不如自家"，因为远水解不了近渴。积极派老师外出取经的同时，更注重回校后的传道。要求每位外出学习者必须做好"三个一"——一篇心得体会、一个专题讲座、一节感悟体验课。

2.特长培训（每周三晚上）

一专多能是我们对教师提出的要求。作为学科教师除去自己的专业之外，要求至少能辅导一个选修特长班，以便学校根据教师资源再开设选修课程。

3.即时性培训

（1）学校发生案例及时反馈培训，促教师专业提升。

（2）教师博客群经验共享同伴互助，促教师专业提升。

（3）班级博客群全面聆听学生心声，促教师专业成长。

（4）师徒结对工程新老相知相长，助教师专业发展。

（5）家长QQ群及时反馈教育信息，促教师专业进步。

二、践行提升

1. 课堂践行

课堂践行："得课堂者得天下"，特色教师最重要的是有教学的特点、特长、特能。

两课一赛一磨活动，即老教师示范课、新教师汇报课和竞赛课及分学科磨课。教师分时段将此活动贯穿在每个周教研活动中。教师采用"微格分析法"，用摄像机拍下课堂教学实录，逐段逐块分析；根据自己的实录撰写案例剖析报告。教师们通过录像回放，更好地促进自我反思与感悟，再借助大家的评说，更深入地认识自己的教学行为，有针对性地思考与追问，改善教学行为，提升教学技能。每学期每一学科教师要求在专家指导下磨课一节。

三三评课模式：根据年轻教师上进心强、自尊心强的特点，学校推出"三三"评课模式，即每次评课都要评出三个亮点，提出三个问题和三条合理化建议。学校大力肯定和推广规范操作的亮点，在正向评价方式的引领下，尽快促进课堂的规范和教学水平的提升。

评课程序分三步走：第一步由执教教师自己评说，讲设计思路、操作方法及效果反思，找出预设与生成之间的差距和精彩之处；第二步是大家互评，根据"课堂有效教学评价表"，对于课堂的优势、不足及改进建议相互评价，在资源共享的情况下，做到共同提升；第三步就"假如这节课换成我上会如何处理"形成集合意见，以期每个人的受益。教师通过有计划地组织，有重点地听评，将每课的研究点、生成点及提升点都一一把握和研究，明确自身已有的经验和尚存的问题，有针对性地设定短期目标，有目的地去实施，实现原有基础上的发展。力争评课活动对于整个团队合作、和谐、宽松、向上氛围的营造，对于学校整个教育教学工作导向、管理、调控、鉴定、激励等功能的发挥都具有极大的促进作用。

开放式教研：有针对性地自主选择学校进行同学科教学研究，除了实地进行听评活动外，还可以拟建立网上联盟，打破时间、空间限制，通过视频和QQ

群进行无隔阂沟通。针对各学科专题研究点，我校选定了兄弟学校作为合作伙伴，进行跨区域校级教研。

2. 读书践行

读书践行：学校在每学期第三周举行赠书仪式，读写说结合；每学期第十二周周三晚为教师读书活动汇报时间，教师根据自己所读书籍以讲座形式展示自己收获；每月教师写一篇教学随笔或读书心得。

3. 节日文化践行

学校的体育节、英语节、艺术节、科技节，以及中国传统节日、纪念节日，我们都举行主题活动。每个节日文化活动都需详细的方案，教师在参与组织、辅导、宣传的过程中，真正地与孩子们一起成长。系列活动的有序开展，不仅全面推进了我校的教育改革，更使教师专业发展水平和组织管理能力不断提升，充分挖掘了师生潜能。学校针对一年级感恩、二年级养蚕、三年级种菜、四年级企业调研、五年级手拉手国内留学、六年级毕业旅游等主题展开研究性学习活动，促进师生共同成长。

三、展示成长

1. 小课题研究展示

学校倡导每位教师根据自身特点以"问题就是课题"的研究思路开展行动研究，同时结合课题进行规范带动，让研究成为教师工作的习惯。我们每学期都进行校内小课题成果评定，人人参与、个个展示、项项获奖。我们的思路是从身边的案例中寻找问题，将问题转化为数据，将数据转化为信息。我们的原则注重过程性材料、注重标志性成果、注重主体性评价。

2. 亮点展示

学期初示范引领：在新学年培训会上，部分优秀教师分别就自己的班级管理和教学中的亮点与大家进行了交流。

学期中经验交流：为了让更多的教师把自己的亮点和经验展示给大家，学校定期召开"我的讲坛"，让每一个教师都拥有展示自我的机会。学校提倡大家从身边的人学起，从身边的事做起，让身边的优秀教师把工作中的成功之处、独到的见解进行分享，达到共同提高的目的。

学期末特色展示：在学校期末总结表彰大会上，我们改变过去一贯的总结表彰形式，搭建一个特色展示的舞台，不但展示学校发展，教师成长中的亮点、成绩，还给教师们的特长展示提供一个舞台，让教师在温馨和谐的氛围中激发干劲，唤醒激情，以此凝聚教师的精神，引领教师的专业行动。

3. 成果性展示

在以下条件中每年至少具备两项，即可开展一次成果性展示：①出版教育教学专著；②主持或参与市级及以上立项课题研究，并获市级及以上教育科研成果三等奖以上（含三等奖，以下同）的奖励；③论文在省级及以上刊物发表或获市级二等奖以上的奖励；④参加市级及以上骨干教师培训或高级研修并取得相关证书；⑤辅导学生参加学科竞赛获市级三等奖以上的奖励；⑥积极参与学科网站的开发与建设，上传有一定数量的优质教育教学资源；⑦优质课或教学基本功比赛获市二等奖或省三等奖以上的奖励；⑧在片区及以上的教研活动中承担公开课、观摩课或专题讲座；⑨担任市级及以上教师继续教育培训课程主讲任务。

"三环四步"集体备课策略

随着智慧课堂的深入推进，教师们自觉地意识到集体备课的重要。智慧课堂的常规已经建立，很多基础性的工作不再需要教师们花费太多的精力。但是，对于智慧课堂的关键环节——展学，大家感到了棘手。大家在实践中逐渐认识到：要有精彩的展学，首先必须有扎实地独学和充分地合学，其次是必须有一个或几个能够打开学生思维的核心问题。大家认为：核心问题的设置关系到独学的深度、合学的广度、展学的精彩度。而一篇课文核心问题的设置，有时候以自己一人的智慧，难以达到令人满意的效果。学校在此基础上，适时出台了《东莞松山湖实验小学"三环四步"集体备课流程》。

一、认识"三环四步"

所谓"三环"，就是教师们在研究教材时要一环一环地考虑问题：第一环，研究本册教材总体要求；第二环，研究本组教材的教学目标；第三环，研究本篇（节）教材的教学重难点。这样环环相扣，确保目标不会偏离。

所谓"四步"，就是同年级同科几位教师按照"四步走"，落实集体备课的任务：第一步，拟定核心问题，根据教材内容确定本节课学生需要重要研究的问题；第二步，编制学习指引，将核心问题放进去，根据四学五明教学模式，将学习要求细化为学习指引，便于学生开展独学、合学；第三步，寻找拓展材料，也就是寻找学生在拓展运用环节所需要的材料，材料应该尽可能与教材内容匹配起来；第四步，交流课后反思，这一步在完成教学之后，大家在一起说说自己是如何执行这份学习指引的。教师根据课堂情况，及时总结经验得失，互相借鉴，同时为更好地改进后面的教学做好准备。在"三环四步"集体备课模式下，同年级同科教师备课的针对性更强，备课效率大大提高，教学效果明显好转。

二、东莞松山湖实验小学"三环四步"集体备课操作流程

（一）宗旨

更实用、更有效、更学术、更开放。

（二）方式

集体备课分为科组集体研讨和备课组分散教研两种方式。

科组集体研讨主要解决教研方向问题，即科组通过集体研讨，把握学科教学整体方向，凝聚科组力量，解决实际问题，为教学定调、把脉。

备课组分散教研主要指向具体教学内容，即备课组通过教研，解决具体教学内容的教法、学法问题，制订教学计划、明确教学目标、研制学习指引、确定教学流程、反思课堂得失。

每周两节课的教研时间，一节课用作科组集体研讨，一节用作备课组分散教研。

（三）科组集体研讨流程

（1）科组长提前一周确立研讨内容，并通知所有科组成员。会议重点发言人员提前告之发言内容，并由科组长把关。

（2）科组长主持会议，提出研讨内容，确定发言顺序。

（3）随机发言。

（4）评课采用"三三"评课模式，即每次评课都要评出三个亮点，提出三个问题和三条合理化建议。

（四）备课组分散教研流程

"三个环节"就是教师们在研究教材时要一环一环地考虑问题：

第一环，研究本册教材总体要求；第二环，研究本组教材的教学目标；第三环，研究本篇（节）教材的教学重难点。

"四个步骤"就是同年级同科几位教师按照"四步走"，落实集体备课的任务：

第一步，拟定核心问题，根据教材内容确定本节课学生需要重要研究的问题。

第二步，编制学习指引，将核心问题放进去，根据四学五明教学模式，将学习要求细化为学习指引，便于学生开展独学、合学。

第三步，寻找拓展材料，也就是寻找学生在拓展运用环节所需要的材料，使材料应该尽可能与教材内容匹配起来。

第四步，交流课后反思，这一步在完成教学之后进行。大家在一起说说自己执行这份学习指引的课堂情况，及时总结经验得失，互相借鉴，同时为更好地改进后面的教学做好准备。

师生考评管理策略

在智慧课堂实施之初，我们首先要分析出目前的课堂行为哪些是无效的。我们选取了以下样本作为研究对象：同一教学内容不同教师的课堂教学，一个班一天的课堂教学，同一教师一周的课堂教学。我们通过这些课堂教学的记录分析，不光找出了课堂无效教学行为，还依据此制定了我校的"一模三核六策略"智慧课堂实施路径，并编印了《无痕教学·智慧课堂教学指南》。"无痕教学·智慧课堂"评价标准见表1。

表1　"无痕教学·智慧课堂"评价标准

评价维度		权重	评价标准	得分
学生	个体自学	20	任务、目标清楚，程序清晰。 自学积极主动。 自学时间充分。 学习状态好，保持教室安静。	
	组内合学	20	参与面广，锻炼充分。 分工明确，组织有序。 任务清楚，话题集中。 互帮互助，完成率高。	
	班级展学	20	声音洪亮，语言规范。 观点明确，讲究证据。 积极思考，敢于质疑。 认真倾听，正面评价。	
	评测促学	10	掌握良好，正确率高。 及时反馈，及时纠错。	

续 表

评价维度		权重	评价标准	得分
教师	课前准备	5	学习指引编制合理，学习目标准确，学习步骤清楚。 情绪饱满，提前候课。	
	组织调控	10	对学情了解、掌握全面。 课堂组织有序、调控及时有效。	
	讲解点拨	10	非常有针对性，能解决全班普遍存在的问题。 语言清晰生动，有感染力。	
	评价激励	5	与共同体建设高度融合。 善于发现正面典型，通过表扬等手段激励、引导全班学生。	

例如，通过分析不同班级一日课堂常规巡查记录，我们发现，以学生学业成功为目的制订的课堂管理计划会让教学更高效。一个管理良好的班级能将纪律问题最小化，从而为教学赢得更多的时间，让学生有更多的时间来用于学习活动，这样的课堂才有可能高效。

通过大数据分析，我们更容易得出现在课堂存在的问题，能够更好地帮助教师提高课堂教学效果。

通过设置课堂评测环节，教师详细记录了每位学生每节课的学习历程，积累了大量数据。课堂评测的实施，对学生而言，可以很容易找出每节课学习的不足之处，再通过微课进行重新学习。对老师而言，可以清楚地知道每个学生的学习效果，为单个辅导提供了依据。而通过对全班学习效果的整体分析，教师可以充分了解知识整体掌握情况，随时调整自己的教学。

第三篇

无痕教学智慧课堂的
实践研究

语文学科教学改革

📖 课题研究资料

在实践中探索　在探索中改革
——《小学语文整体改革实验》研究报告

东莞松山湖实验小学课题组

一、提出背景

自"五四"新文化运动以来，我国中小学以"国语""国文"（中华人民共和国成立前）"语文"（中华人民共和国成立后）代替了延续了两千年的"读经"，虽然在普及文化教育方面取得了一定的成效，但是，就学生的语文素养而言，我们的语文教育是难以令人满意的。三十多年来，我们的语文教学改革可谓起伏不定。但是，我们的理念没有根本性地转变。我们的教材没有根本性地改编，我们的教学形式没有根本性地变革。所以，教学的结果依然如故，也没有根本性地变化与进步。请看我们的语文课堂。

（一）缺少语文性

在教学过程中充分挖掘教学内容，一篇文章往往要教三个课时。课改以后，语文教学从以前的概括段落大意等改为了对文章人文性的过分追逐，对文章欣赏的过分探究；把小学语文课上成了文学欣赏课、思想品德课……忽视了学生的年龄特点，整个学习过程缺少了语文性。

（二）重形式轻效率

语文教学在实施过程中，重形式，轻效率。虽然自主学习、合作学习、探究学习在课堂上屡见不鲜，但其实质却变成了探究性学习的模式化，合作学习的简单分组，公开课和日常课两张皮。

（三）教学理念陈旧

当前语文教学理念陈旧，主要表现为：低效率、无止境地作业训练，单一追求知识内容的死记硬背，从头到尾或者是灌输式教学方式，或者是请君入瓮式的追问；课程内容不明确，教学内容等同于文章内容，记诵"童子功"没有引起重视，读行天下的意识不强，机械重复抄写的作业多，也造成了学生负担较重。

我们认为，我们的语文教学，应继承和发扬我国传统语文教学的宝贵经验，充分利用汉语的特点，让孩子们尽早集中识字，大量背诵古人经典，积累丰富的语言材料，传承中华文化；应充分尊重儿童的心理特征和年龄特点，根据儿童学习语言的客观规律，循序渐进地安排学生的语文实践活动，让每个学生的语言能力在每个阶段都得到充分地发展。

小学语文整体改革实验是指以"大语文教育观"为指导思想，建立一个以课堂教学为主体，以语文活动和良好的语文环境，提高语文课堂教学实效，提升学生语文素养为根本目的，以学生终身语文学习为核心的教改实验。小学语文整体改革实验，要求改变传统的小学语文教学的封闭局面，实行四个结合——课内与课外相结合、语文学科同其他学科相结合、语文教学同学校的各项教育活动相结合、语文教学同学生的生活相结合，实现大语文教育观。

二、理论依据

国家教育部颁行的《义务教育语文课程标准（2011年版）》是在总结我国语文教育的历史经验、吸取国外母语课程标准的新成果，分析语文教育的现状及时代发展对语文教育的新要求的基础上，重新构建的语文教育的目标体系。《义务教育语文课程标准（2011年版）》不仅具有开创性，而且具有时代性，体现了素质教育的思想，体现了国家对语文教育的要求，是语文教学的根本指导思想，代表了语文教育改革的方向。新课程改革，首要任务是更新教学观念。教师的教学行为归根到底是由教育理念决定的。学习语文新课标，关键是要把握其基本理念。《义务教育语文课程标准（2011年版）》的基本理念，就是我们语文教学的总的指导思想。"致力提高学生的语文素养""全面把握语文教育特点""积极倡导自主、合作、探究的学习方式""拓展语文课程资源"这是语文新课标中最基本的教学理念。它回答了语文教学的根本目的是什么，为了达到这个目的需要哪些条件的问题。只有正确把握这些基本理念的内涵，才能明确语文教学改革的方向。

作为小学语文教学整体改革主体部分的课堂教学改革，目标是构建一个可以在大范围内推广的高效的课堂教学体系。

小学语文整体改革实验将从"大语文教育观"出发对小学语文教学进行整体改革。"大语文教育观"认为，"语文学习的外延和生活的外延相等"，培养和提高学生的语文能力，不能把全部希望仅仅寄托在课堂上，而要把课内与课外、校内与校外紧密结合起来，充分利用一切可以利用的渠道，充分利用一切可以利用的机会。

小学语文整体改革实验把语文教学等同于语文知识教学的观念变为以培养语文能力为主要目标，以指导学生进行语言实践为主要手段的观念。语文教学，当然要引导学生学习一些必要的语文知识，但学习这些知识的主要目的是培养语文能力。必须明确：语文这门学科不是一门以传授语文知识为主要任务的学科。语文学科的主要目标是培养听说读写的能力，而培养听说读写能力的基本途径是指导学生进行听说读写的实践。

小学语文整体改革实验把语文训练和思想教育相割裂的观念变为文道统一的语文观。语文教学的过程，不是脱离思想内容的单纯的语言文字训练的过程，而是一个内容与形式辩证运行、语言和思想相统一、语言和情感和谐交融的过程。

（一）我国传统语文教育的精华

我国著名语文教育家张志公对我国传统语文教学的得失曾经做过全面梳理，他将传统语文教学的主要经验总结为以下三条：

第一条，教学从汉语汉文的实际出发，并且充分运用汉语汉文的特点来提高教学的效率。

第二条，教学要从语文的工具性这个特点着眼。

第三条，重视启发学生独立思考，使他们自己能不断地增长读书作文的能力。

（二）儿童心理发展的基本特点

儿童发展心理学研究的结果表明，儿童的记忆力与理解力和年龄增长的关系恰恰成相反的状态。对于人来说，记忆力好比一个正放着的三角形，年龄越小底边越大，也就是记忆力越强，而随着年龄的增长，它却越来越小。理解力如同一个倒放着的三角形，年龄小理解力就小，年龄增大了，它相应地也变大。

与此关系相同的是"机械识记"和"意义识记"。机械识记的记忆能力在儿童的低幼阶段占主要地位，随着年龄的增大，才逐渐向意义识记为主的方面去转化。因此，儿童在学习语文方面，其记忆储存的最佳期是在四五岁至十三四岁，也就是常说的幼儿期、童年期到少年前期。正是由于大量的"死记硬背"，儿童的语言能力才获得突飞猛进的发展。

各种教育都有个最佳期。《礼记·学记》说："当其可之谓时。""时过然后学，则勤苦而难成。"明末清初教育家陆世仪就多次说过："故人凡有所当学之书，皆自十五岁以前使之熟读。……若年稍长，不惟不肯诵读，必不能诵读矣。"在这样一个记忆力最强的时期，我们不应该强调理解基础之上的背诵，而应该顺应儿童心理发展的客观规律，充分利用好这个"最佳期"，大力提倡"死记硬背"。

（三）儿童学习语言的客观规律

语言心理学的研究表明：儿童婴幼期的语言（口语）学习是一种"习得"学习，它是一种在无意识状态下进行的、反复"尝试错误"的、没有什么固定顺序的学习。"尝试错误学习"，指的是人在无意识的应用尝试过程中，不断地出现错误，但又不断地得以纠正，最终实现学习目标的一种学习方式。这个学习过程不同于学校的学习，它是在无意识的状态下，在不断地练习、不断地错误、不断地改进中进行的，因此，心理学上称为"习得"，以便与学校里有意识学习的"学得"区别开来。

儿童学习语言，婴幼期是"习得"口语，而进入学龄期是学习"书面语"，就改为"学得"了。这个书面语的"学得"，与口语的"习得"最大的区别在于它是一个有目的的、有意识的学习过程。但是，我们还要看到，它在某些方面还仍然保留、延续了口语"习得"的许多特点。这是语言学习和其他科学知识学习的一个不同之处。书面语的学习，还是先要模仿、记忆，然后要通过无数次的"尝试错误"才可能正确掌握。学习者不能指望当时"学一"就是"得一"。语文学习的功效是远期的，不能以近期的得失作为评价标准。

韩军在《新语文论纲》一文中指出：大量的研究、实践表明，语言的学习规律，恰恰是"举三反一"。"举多"而"胜少"，"举十"才"反三"，语言的学习，是在"巨大数量"言语"例子"的反复撞击、反复刺激下，才点点滴滴"说出"，在成年累月数量无限加大后，才奔涌而出。进一步说，语言学习，不是仅凭一本教材、在一个封闭的教室中、在一个语文教师的"苦心调教"下、反复把玩几十篇文章，所能根本奏效的。因此，数量的巨大，例子的极大丰富，交往范围的扩展，生活接触的广泛，才是形成言语能力的最根本的通衢！所以我坚定地认为，语言学习的规律，绝非"举一反三"，而是"举三反一"。

北京师范大学教授何克抗在《儿童思维发展新论》一书中反复强调，"以语言文字运用为中心"是儿童快速学习、掌握语言文字的根本途径与方法。何克抗认为，任何民族的儿童之所以能够在短短几年中（4～5岁之前）无师自通地熟练掌握本民族的口头语言，除了人类具有天生的言语中枢这一遗传因素以外，还因为儿童是在与人交际的过程中，即在语言的运用过程中学习语言。学习语言的目的是交际（交流思想和表达情感），学习文字的目的也是一样，所以学了都要立即运用——要把刚学习到的语言、文字立即用来交流思想和表达情感；哪怕掌握的词汇还很少，哪怕对本民族语言的语法规则了解得还不多，也要大胆运用，而且力图在一定的语境中去运用。所以千万不要脱离语境去孤立地记单词、背句型，千万不要用"语法分析为中心"的方法去教语言文字和学语言文字，因为那样是违背儿童学习语言文字的规律的。

我国著名特级教师洪镇涛在20世纪90年代初即大声呼吁："语文教学中存在着一个长期性、全局性的失误，那就是以指导学生研究语言取代组织和指导学生学习语言，以对语言（包括内容和形式）的详尽分析，取代学生对语言材料的感受和积累。"并明确指出：学生语文能力的形成，主要靠语言实践，在听说读写实践过程中，感受语言—领悟语言，形成语感—积累语言—运用语言。洪镇涛认为，"感受—领悟—积累—运用"是培养学生语文能力的一条正确途径，它反映了学习语言的规律：感受，是学习语言的前提；领悟，是学习语言的关键；积累，是学习语言的基础；运用，是学习语言的目的。从感受到运用的过程，是学生在教师指导下，以感性习得为主的过程，是学生借助于语文知识切身感悟言语意蕴和语言规律的过程。学习语言，要注意两个方面，一是吸收和积累语言，二是习得和积淀语感。

三、研究过程

（一）落实晨诵——与黎明共舞

1. 落实晨诵课程

语文教学历来十分倡导阅读积累，注重课外阅读拓展。经典诗文是久经历史考验的人文典籍，对提高学生的语文素养具有特殊作用，理应成为语文教学课程资源开发的重要内容。我们在对经典古诗文作了一番研究之后，将其纳入语文教学的有机组成部分，以此补充教学内容，拓宽语文学习天地，开发孩子的阅读潜能，把孩子的视野引向经典诗文的美丽田野。我们组织精干力量，编写了一套富有我校特色的校本课程《晨诵》，这套教材循序渐进，从儿歌童谣到古典诗词，从现代美文到精短文言文，从中国蒙学经典到外国诗文经典，均做了精心安排。我们每册书分32个单元。每个单元4篇（首、段），每学年64篇，供孩子们每天晨读10分钟使用。这样坚持下来，孩子们就轻轻松松积累了古今中外经典几万字！让孩子们真正做到"腹有诗书气自华"。

为了更好地让孩子们进入经典的殿堂，我们在全校推广了吟诵。我们安排全校语文老师参加中华吟诵学会组织的吟诵师资培训，并要求全校教师学习吟诵，每学期至少掌握10首诗词的吟诵。每学期末，我校扎实落实特色课程考核，要求每个孩子会吟诵10首古诗词，会背会读64篇（段、首）经典儿歌、古诗词、经典文言文等，内容涵盖千字文、论语、孟子、名家名篇经典散文等。六年下来，除了书本上要求背诵、吟诵的古诗文70（首）篇外，学生还会吟诵120首（篇）古诗词、小短文等，会背会读320篇（段、首）经典儿歌、古诗词、经典文言文，远远超过新课程标准规定的240篇（段、首）。学校通过不断改进考核办法，考核形式、考核过程贴近教学实际，真实反映师生落实情况。通过全体师生的努力，每天清晨，学生沐浴在中华经典诗文中，动听的吟诵声此起彼伏，学生耳濡目染，不仅有课前的展示，更有课后的检测落实。学生经过经典诗文的熏陶，"书生味"更浓。从《诗经》、楚辞、北朝民歌到唐诗、宋词、元曲、明清小短文，经典国内外现代诗歌，我们都视为吟诵范畴。作为广东省吟诵示范学校，我校教师发挥集体力量，在近六年的晨诵课程实践中，不断积累经验，改进方法，提高质量，一步一个台阶，广泛吸纳优秀做法，积极向校省市内外兄弟学校推广课程实施办法，起到很好的辐射和带动作用，社会效果很好。如今，"晨诵"成为我校校本课程的优秀典范，无论对教师还是对学生，都影响深远。

2. 用好广播站

每周一的学校广播站，我们开设"传经诵典"栏目，旨在通过对古诗词的解读，播放名家的吟诵作品，以吟诵方式让学生耳濡目染，加以熏陶。我们还在升旗仪式上进行班级吟诵展示，达到宣传、引领作用。以上活动的开展，使得吟诵逐渐走进了孩子们的心田，吟诵成了孩子们的校园流行歌曲。如今，每天清晨，聆听到的不仅仅有学生琅琅的读书声，还有充满激情、饶有趣味、抑扬顿挫、掷地有声的吟诵。学生沉浸在吟诵的声音中，游走在经典诗文中，形成别样风景。学生的普通话提高迅速，广播站培养出了一个个优秀的"小演讲家""小播音员"，语音纯正，个个都会说、敢说、能说。经过近六年的努力，每学期"传经诵典"栏目中有近20篇经典诗文的赏析、简评、吟诵，六年下来已经累积240余篇。同时，学校每学期开展"红领巾广播站"播音员竞选活动，通过"岗前培训"，每日实践，已培养"小演讲家""小播音员"20名。六年下来，有近200多名广播员通过"红领巾广播站"得到锻炼，培养出如唐子涵、梁祥栋、樊星语、冯鹤汀等优秀播音员，在园区、市级演讲、讲故事比赛中获一等奖。

3. 推进午练课程

为全面提高学生语文基本素养，学校充分利用午练课程教材，成立"午练工作组"，保证学生能正确工整地书写汉字，并有一定的速度，提高了学生的规范汉字书写能力。我校以学生"写"的能力为抓手，一方面保证全体教师午练课程规范操作人人过关，另一方面为整体提升午练工作和学生"写"的能力，落实午练过关考核，学生还参加了丰富多样的汉字书写比赛。

（二）海量阅读——与书为友

"一日之计在于晨，读书大计在于广。""海量阅读比成绩更重要！"阅读的作用怎么说都不为过。每天，我们学校能保证学生有30分钟的自主阅读时间，分别是晨诵前20分钟和午练前10分钟。小学阶段是孩子阅读的黄金时段，我们把六年阅读1000万字以上在我们学校变为现实。因此，我们实施了"海量阅读"计划。我们精选了一批适合儿童读的书，其中有图画书和名著，还有获得过纽伯瑞奖、安徒生奖、卡耐基文学奖、克里斯多奖等国际一流儿童文学奖项的书。这些书是好书中的好书，是超越了时间和空间的"经典"。在古往今来浩瀚无边的书海中，它们总能一次又一次地浮出水面，被人们记起，阅读，讨论。它们是可以让人一辈子珍藏的书籍。

我们在一二年级采取"听我读"的方式，即教师给孩子读故事；在三四年级采用班级读书课的方式，提高孩子的阅读兴趣，分享阅读收获；而在五六年级则通过建立班级读书会，进一步扩大影响，提升阅读品位，有计划地开展读书活动，进行多种形式地阅读、讨论、交流。同时，学校专门开设阅读课程，在课程、时间上给予保证。不仅如此，各年级阅读层次有所侧重，如低年级阅读绘本，中年级阅读近现代名家作品，高年级阅读经典名著。

在具体实施过程中，教师和学生收获颇丰。一年级的教师说："开学了，我没有急于教教材，面对孩子，而是捧起了一本厚厚的、十分精致的《格林童话》与学生们读了起来。就这样，没有学习任务的压力，我同孩子们开始了故事世界的遨游。我讲得津津有味，孩子听得如痴如醉，何等的快活啊！"三年级的教师说："我找来《亲爱的笨笨猪》，我给学生们讲'笨笨'的故事，可爱的笨笨猪把孩子们逗得哈哈大笑。他们为笨笨猪而乐，为笨笨猪而急，为笨笨猪而气。他们感受到了读书的乐趣，总是缠着我讲故事。于是，我要求他们周末回家去书城，每人买一本《亲爱的笨笨猪》。就这样，孩子们对《亲爱的笨笨猪》爱不释手。"而对于高年级，我们采取共读一本书的方式，开展读书交流活动，并以课例的形式展示出来。例如，我校陈德兵老师在2014年5月份面对全市开放的《书海漫游》课例中，引领学生读好书、好读书，体验读书的乐趣。刘艳老师的课例《丑小鸭》，送课松山湖外国语学校，深受好评。陈德兵老师在2016年5月份以《书海泛舟记》课例面对全校老师上读书指导课及饶虹老师的《青铜葵花》课外阅读课例受到校内外同仁的一致认可，很有推广价值。每学期初，我校每个班以家委会自主购买方式，大力支持并推进学生阅读，为每个学生至少购买5本书籍。我校中高年级开展的读书漂流活动、低年级开展的"绘本阅读"及海量阅读活动，不断拓展阅读面，保证每个学生每学期至少阅读20本（册）书。六年下来，每个学生至少阅读学校规定的100本（册）书籍，阅读数量远远超过新课程标准要求的字数及篇数。

（三）诗歌创作——漫游诗海

诗歌是语言的精华。在每学期的九月份，学校请部分教师现场命题，开展现场诗歌创作比赛。比赛有方案、有评比、有奖励，参赛选手为二年级以上学生。我们从每班挑选10名选手参加现场诗歌创作大赛，其他同学可以回家进行创作。比赛结束，我们立即组织评选，每次评选出一等奖10篇，二等奖20篇，三等奖30篇，并在下周一升旗仪式，给一二等奖同学颁发证书。我们还将优秀作品及时上传到"小学生诗歌节"网站。除此之外，我们还对班上其他孩子的诗歌给予评定，并适当给予激励。对于一些特别优秀的学生，我校还组织学生参加广东省小学生诗歌节现场创作活动，并在活动中获得较好的成绩。同时，六年级结合综合性学习——轻叩诗歌的大门，积极开展诗歌活动，如诗歌知识竞赛、诗歌朗诵比赛等活动，拓宽视野，漫游诗海，让学生接受诗歌的"洗礼"，更有书生气。

（四）强化习作——会写乐写

我校一直以来，将写作教学与生活紧密联系，在生活中作文，在作文中表达生活。我们以"记录生活"作文教学的方式，倡导回归本体的作文教学理念，强化习作教学，使得学生会写乐写。

"记录生活"，顾名思义，就是学生主动地通过作文对自己的生活进行真实地记录，也就是学生在对生活的体验和感悟基础上，通过自己的笔描述自己的所见所闻、所历所想，表达自己的喜怒哀乐、真情实感。"记录生活"作文教学，主要目的只有一个，那就是培养学生的书面表达能力。我们不能随意拔高这个目的，把学生的写作等同于作家的文学创作，更不能将作文教学变为培养作家的活动。由于我们的学生还处在小学阶段，对生活的加工和提炼等艺术处理能力尚不具备，我们对他们的习作只能要求为对生活的如实记录（对于个别突出的特优生，能突破这个要求，我们当然欢迎）。在记录生活的过程中，我们通过促进学生对周围人和事的关注、对社会现象的思考，提高学生的观察、思维和认知能力，逐步培养、提高学生的各种能力、培育学生的精神品质、发展学生的良好个性，从而促进学生语文素养的形成与发展，为学生的生命成长打下坚实的基础。这就是"生活作文"既纯粹且崇高的目标。

"记录生活"作文首先强调从内容入手，解决学生的"题材"危机，帮助学生树立正确的作文观念：作文就是反映生活，表达自己的情感，说自己最想说的话。内容生活化，是"记录生活"作文的本质特征。我们的"记录生活"作文教学有一个基本观点：有生活才有作文，没有生活则不可能有作文。也就是说，只有当学生有了作文的题材和内容，才有可能写出像样的作文来。这是学生作文的首要条件。为此，我们以生活素材为基本素材，通过多种渠道，拓宽写作范围，拓展表达视角，在实践中，努力引导学生感受生活，即引导学生去捕捉生活中与平常不一样的地方，引导他们下笔成文。那样，学生就会言之有物，作起文来了无障碍，自然兴趣渐浓，信心倍增。

《义务教育语文课程标准（2011年版）》反复强调：写作要感情真挚，力求表达自己对自然、社会、人生的独特感受和真切体验；注意表现自己觉得新奇有趣的，或印象最深、最受感动的内容；要求学生说真话、实话、心里话，不说假话、空话、套话。"记录生活"作文追求的就是真实和情趣。真实是"记录生活"作文的基础，情趣是"记录生活"作文的灵魂。"记录生活"作文积极倡导学生习作的个性化表达，允许学生个性化地选择，个性化地构思，使用个性化的语言。主张学生在阅读和写作等语文实践活动中自己领悟和摸索写作的方法、技巧，主张彻底地给予学生写作的自由，鼓励学生弘扬起个性的风帆，展示自己独特的心灵世界，与人进行坦诚的交流和沟通。

通过这几年的教学实践，我们的习作教学突破了教材的局限性，丰富了学生习作资源，远远超过每册教材中8篇习作的数量要求。我校部分班级每月至少出一期作文报，如《小苗圃》作文，刊载学生优秀习作。不仅如此，我校还出版发行《松湖科苑》《小脚丫》等刊物。通过这样的方式，我们将学生的习作吸纳过来，打造习作分享平台，共享习作资源，使学生在习作中不仅体验到成功的快乐，更体验到习作带来的精神力量和语文素养的提高。"生活作文"因其目的纯粹化、内容生活化、立意情趣化、体裁多样化、表达个性化、评价过程化而与《义务教育语文课程标准（2011年版）》高度吻合，显示出强大的生命力。我们踏着课程改革的鼓点，努力学习，大胆实践，与时俱进，不断书写语文教学改革的新篇章。

（五）语文竞赛——夯实基础

为了改变以往一张试卷定乾坤的检测模式，我校配合课程改革，采用了以活动代检测的方式。经过三年的实施，逐渐形成了我校语文学科独特的检测模式。这里既有全校性的传统语文活动，也有适合年段特点的特色活动；既有全员参与的普及活动，也有选拔性的竞赛活动。

比如，为了提高学生的查字典速度，养成勤查字典的习惯，我们每学期都会举行查字典比赛。为了提高学生的朗读水平，我们每学年都会进行朗诵比赛，全员参与，一个都不能少。另外，每个年段也逐渐形成了适合孩子年龄特点的语文活动，如一二年级的"识字大王"评选、讲故事比赛，三四年级的课文朗读擂台赛，五六年级的辩论赛。我们还根据实际情况，开展一到六年级规范汉字听写大赛、五六年级成语大赛。学生通过这些语文活动，极大地提高了语文学习兴趣，提升了语文能力。同时，我校积极组织学生参加东莞市第一届小学组汉字听写大赛，并获得二等奖。

课本上设计的一些习作训练存在着诸多问题，所以导致了孩子怕写的局面。我们提出了"习作源于生活"这一理念，要求我们的习作教学一定要与孩子们的生活密切相连，让孩子们有话说，有内容写，从而形成正确的作文观念，养成良好的作文习惯。第一，我们倡导"百字文"，在初学阶段，不要给孩子过高要求，能用一百字左右把一件事说清楚说明白就很不容易了；第二，我们倡导写日（周）记，这样十分利于培养孩子们在生活中捕捉习作素材的意识；第三，我们倡导鼓励学生，保护孩子们的习作热情，一方面在习作评讲时多鼓励，另一方面创造更多的机会让孩子们展示自己的习作，让他们体会作文的喜悦和成功的快乐。我们学校创办自己的校刊，成了孩子们展示习作才能的舞台；鼓励班级办班刊班报，激发孩子们习作的兴趣。

1. 识字提速初见效

识字是自主阅读的前提，因此我们加快孩子们识字的脚步，让孩子们更快更早更好地达到识字量，进入自主阅读阶段。我们的汉语拼音教学采用"整体识记，定位认读"的办法，发挥整体识记的巨大优势，节约至少三分之一的时间，大约只用一个月便完成教学任务。我们的识字途径有三个：一是课文的随文识字；二是利用传统蒙学读物集中识字；三是利用《晨诵》这套校本教材，通过诵读《千字文》《论语》《诗经》、经典文言文、古诗词等，扩大识字量。以前的随文识字，学生接触的语言材料少，弊端在于速度慢，量也少。如果"三管齐下"，孩子们接触的语言材料多了好几倍，而且增加的这些材料读起来朗朗上口，孩子们既识字，又读文，积累了丰富的语言。

2. 改革课堂促高效

针对传统语文课堂教学的弊端，我们将对常态的课堂进行了大胆地改革。第一，在改革教学内容方面，我们奉行"三不讲"：学生已经懂了的不讲，学生自己能读懂的不讲，讲了学生也不懂的不讲。我们强调将关注的重点放在课文的表达形式上来，也就是说，课文写了什么不是我们的教学重点，课文是怎么写的才是我们的教学重点。这样一来，我们的教学目标更加明确，更加集中，课堂效率得以大大提高。第二，在改革教学方式方面，我们十分强调学生的自主学习，强调学生的预习。在每篇课文学习之前，学生都会根据老师的要求一一落实预习。这样，学生自己能将课文内容基本读懂，课堂上就节省出更多时间来开展语言训练。第三，我们的课堂讲究一课一得，绝不平均用力。我们列举出每篇精读课文的"一得"点，在课堂上针对这"一得"做到有的放矢，让学生真正做到学有所得。第四，我们要压缩课文教学时间。一节课完成一节精读课文的教学，一节课完成2～3篇阅读课文的教学，这样一来，我们教学教材的时间大大缩短，节省下大量的时间用以开展整本书阅读和实施语文个性课程。第五，我们实施"多版并行"。我们将以人教版教材为主，以苏教版、北师大版或者香港、台湾等地教材为辅，让学生从其他教材里吸取营养，以补充人教版教材的不足。

（六）"学习共同体"建设与提高学生"说"的能力

我校语文科组与时俱进，大胆创新，制订学校"无痕教学·高效课堂"建设方案，推进"无痕教学·高效课堂"建设工作，先通过无数次外出考察学习，汲取经验；再通过无数次校内研讨碰撞（全校研讨、中层会议、科组研讨、级部研讨、小组研讨、专家指点），形成特色。我们以十多节对外开放课堂为模板，深化课堂改革，并多次在全市介绍经验：全市高效课堂建设经验交流、全市小学高效课堂建设协作体研讨、全市小学语文高效课堂教学研讨。我们立足课堂，坚持课堂常规训练，完善学习共同体建设，编印《"无痕教学·高效课堂"教学指南》，并在学科课型模式方面进行探索。学生课堂规范的训练效果明显：课堂上孩子们生机勃勃、活而不乱、动而有序、沉于学习、敏于思考、勤于笔记、敢于发言、敢于交流、敢于争辩；学习氛围浓郁、学习习惯良好、学习方法自如；学习积极主动、兴趣浓厚。教师的课堂教学的准备充分、组织有序、教得活泼。教师的活动减少了，学生的活动增多了；教师的牵引减少了，教师的引导增多了；学生被动听减少了，学生主动学增多了；学生开小差减少了，学习凝聚力增强了。

在2015年开学初，我们制订了以"说"为抓手，全面深化高效课堂实践方案，以提高学生的口头表达能力，即"说"的能力，包括学生课文朗读、回答问题、自主展示、交流演讲等口头语言表达能力，培养学生"敢说"的勇气与习惯，提高学生"会说"内容与水平，拓展学生"能说"的材料与思维。学校通过建立标准、分层训练、捆绑评价、活动促进，集中精力抓学生"说"的能力的培养，由注重形式逐步过渡到注重内容，切实解决课堂学生展示问题。学校落实如下具体操作策略。

1. 建立标准

学校针对学生口头语言表达能力制定各项标准，如课文朗读的标准、回答问题的标准、课堂展示的标准。

2. 训练办法

集体训练：充分运用好预习课，将预习课变成演习课，强化学生的背诵，让学生由背再过渡到说。语文、数学、英语都要给孩子提供成段的"语料"，让学生熟记，在熟记的基础上练习说。

常态训练：扎实开展课前三分钟的口语训练，训练内容以学科内容为主。

分层训练：有针对性地加强个别辅导。每个班的三名责任教师都有义务对各个层次的学生进行小组或者个别辅导，让个别辅导常态化。

家长跟踪：充分发挥家长的作用。教师将练习内容、要求详细跟家长沟通，请家长加入指导队伍中来，对孩子们进行跟踪辅导。

3. 捆绑评价

将任课教师、行政中层及其他人员全部安排到班，组成导师团，每班三人，将学生按"说"的现有能力分为五个层次（每个层次约10人，便于辅导和考核）。每个班级的学生分层、辅导任务安排由班主任（首席导师）统筹安排，每个班的三名导师要通力合作。

为了保证措施落实，切实提高学生口头表达能力，我们采取以下方式进行考核：

（1）学生人人过关。

根据学生"说"的能力分为五个层次，分批过关，每三周考核一个层次的学生。

（2）课堂随机抽查。

级部成立年级考核研讨组，每月保证听同年级所有语数英教师课1节。听课为随机听课，每次听课人数不下于两人。以学生"说"的能力评价为主要内容，以班级为单位在年级内部进行研讨、评比。

学校考核组每周以"转课"的形式（5～10分钟），将学校所有语数英教师的课至少听一次，以"说"的能力为主听课考核。结果当天反馈，作为级部评价、研讨参考。时间从第五周开始。

（3）每天反思调整。

每天各级部办公反思10分钟，解决当天课堂考评出现的问题，如有问题，及时发现，及时通报，及时整改。

（4）东莞市教学开放。

2015年5月份东莞市教学开放，人人上课，全员开放。每位语文、数学、英语教师准备一节开放课，在组内反复研究、试教。

4. 活动推进

（1）国旗下讲话每班三人，讲完由级长或班主任考核和点评，纳入评比。（每周一次）

（2）周二、周四阳光体育广播操后学科内容展示，学生讲完由级长或科任教师考核和点评，纳入评比。（每周两次，分别为数学和英语。）

（3）朗读比赛。（学校每学期一次，指定相关层次学生参加）

（4）讲故事比赛。（学校每学期一次，指定相关层次学生参加）

（5）演讲比赛。（学校每学期一次，指定相关层次学生参加）

（6）辩论比赛。（学校不定期举行，指定相关层次学生参加）

（7）根据教学的需要，教学内容的不同，各年级各班可以自主开展成语接龙、音乐欣赏、诗词欣赏、抢答竞赛、话剧表演等风格各异、形式活泼的听说训练活动。

（8）每天的值日班长及时总结反馈，并在共同体建设评分栏中加以体现。

东莞松山湖实验小学口头语言表达能力验收标准见表1。

表1

	音量	正确	流利	感情	仪态
课文朗读	声音洪亮,保证教室里每个同学都能听到自己的声音	用普通话朗读,发音标准,吐字清晰,不添字、漏字、不破读,准确、完整地朗读指定课文内容	朗读熟练,语速适中,停顿恰如其分,自然流畅	感情真挚、充沛,语气语调恰当,正确把握文字内涵,并将感情融入其中	表情态度自然,精神饱满,使用恰当的肢体语言,表现出良好的素质
回答问题	声音洪亮,保证教室里每个同学都能听到自己的声音	用普通话发言,发音标准,吐字清晰,说话完整	说话语速适中,停顿恰如其分,自然流畅,不吞吞吐吐,无口语病	感情真实,与回答内容相吻合,不做作,语气、语调恰当	表情态度自然,精神饱满,使用恰当的肢体语言
课堂展示	声音洪亮,保证教室里每个同学都能听到自己的声音	用普通话发言,发音标准,吐字清晰,说话完整	说话语速适中,停顿恰如其分,自然流畅,不吞吞吐吐,无口语病	感情真实,与展示内容相吻合,不做作,语气、语调恰当	表情态度自然,精神饱满,使用恰当的肢体语言

四、课题取得的主要成果与成效

(一)课题成果

课题研究历时四年多,在全体课题组教师的努力下,致力于探索《小学语文课程整体改革实验》,以课堂教学为阵地,以深入的理论研究为内驱力,以改革、创新课堂教学模式为重任,将理论与实践紧密结合,不断丰富课题研究的内容,拓展课题研究的思路,成效显著。

1.论文集

课题组以《小学语文课程整体改革实验》为契机,不断将自己的经验、做法进行积累、整理、撰写成教学论文,装订成论文集。例如,陈德兵老师的论文《小学语文阅读教学活动设计》获广东省论文评比一等奖,论文《把握规律整体改革》获得东莞市小学语文教学论文评比三等奖,论文《小学语文阅读教学活动设计简论》获得东莞市小学语文教学论文评比一等奖;孙道明老师的论文《建设高效丰润的语文课程》获得东莞市小学语文教学论文评比二等奖;

谢艳老师的论文《引领小组合作实现高效课堂》获得广东省教育学会评比一等奖；张新元老师的论文《讲评，亦是最好的指导》《借力"智慧教教室"，提高习作自主修改能力》获得东莞市小学语文教学论文评比二等奖，论文集共收录与课题相关论文40余篇。

我们还将这些优秀论文发表在一些国家级、省、市级核心杂志及刊物，如：陈德兵老师的论文《提高语文教学效率必须实现三个转变》发表于《广西教育》，《一节充盈着欢声笑语的古诗课》发表于《小学语文教学·人物》，《小学语文板块式阅读教学简论》发表于《东莞教研》，《感受人物形象学习表达方法》发表于《小学语文》，《读课文学选材》发表于《名师说课·小学语文》；孙道明老师的论文《建设高效丰润的语文课程》发表在《小学教学参考》，《重温一年级那些老方法》发表在《小学语文教师》，唐维伦老师的论文《从马斯洛需要层次理论谈小学语文阅读教学的激励机制》发表于《课程教育研究》；张新元老师的论文《下笔千言写不尽，为有源头活水来》发表在《语文报》，论文《语言训练，守住语文的根》发表于《东莞教研》，《"微课"，助力高效课堂建设》发表在《语文报》《小学语文》等；发表论文共计30余篇。

2. 课例集

课题组深入课堂教学实践，不断吸纳新的思想，汲取新的方法，运用于课堂教学，多次围绕课题开展课例研讨活动，如2011年9月21日陈德兵老师、唐维伦老师分别执教三年级阅读课《秋天的雨》、五年级阅读课《鲸》；2011年10月19日，李芳老师所上的精彩的同课异构课《钓鱼的启示》。课题组成员依托《小学语文课程整体改革实验》，采取了"走出去，请进来"的办法，深入课堂教学一线，不断丰润课题内容，丰富课例资源，如陈德兵老师在东莞市教研室组织的"东莞市小学语文送课到校"活动中，执教优秀课例《写一个人》《看图作文》，教学设计《桥》《送元二使安西》分别获得广东省小语学会优秀教学设计评比二等奖、三等奖，孙道明老师的教学设计《月是故乡明》获得广东省小语会优秀教学设计一等奖。同时，我校教师以课题研究为动力，深入探究课程整合，不断丰富教学资源，提高课堂教学效率。在东莞录像课评比中，我校韩雪佳老师的课例《识字二》、陈德兵的课例《窃读记》获得一等奖，陈德兵老师的优课、微课也屡次获得一等奖；李芳老师的课例《开国大典》获得东莞市优课评比一等奖，姚湘斌老师的微课《修改病句》获得东莞市二等奖。课例集共收集到的获奖（现场教学）课例（教学设计）有20余篇，教学研讨课例、讲座等30余节。课题组还编写了《东莞松山湖实验小学新经典"语文实验室"实施细则》。

3. 晨诵教材

为了推进《小学语文课程整体改革实验》这一课题的实施，我们课题组成员发挥团队力量和集体智慧，编写了一至六年级《晨诵》教材。每册教材收录128篇（首、段）经典儿歌、唐诗宋词、文言短文等。为了使用好教材，我们创新拓展《晨诵》这一校本教材，结合实际，我们开展"吟诵"教学。每一学期，学生必须会吟诵10首唐诗宋词、诗经、文言短文等作品，并配有200多个MP3音频。我们将吟诵与晨诵有机整合，拓宽了《晨诵》课程内容。

4. 午练教材

为落实课程标准对学生写字教学的要求，保证学生能正确工整地书写汉字，并有一定的速度，全面提高学生书写能力，学校成立《午练》课程编委会，并编写了《午练》课程。一学年两册，六学年十二册的《午练》课程教材，对提高学生的汉字书写能力大有裨益。

（二）课题成效

1. 学生的变化

课题的实施，首先带来的是学生方面的变化。我们将学生的优秀习作进行整理、编辑、装订成册，发行校刊（作文刊）《小脚丫》2期，收录学生优秀作文200余篇。其次学生在松山湖园区、东莞市、广东省举行的"现场作文比赛""讲故事比赛""诗歌创作比赛"中屡屡获奖，如廖祥栋、梁学新、谢炜廷、樊星语、唐子涵等获得东莞市"我讲书中的故事"儿童故事大王比赛一等奖；邓天宁、任珂、张婧旖都获得过广东省"粤星杯"小学生作文大赛三等奖；李厚谕、蔡曼莎、王杰夫获得广东省"诗歌创作比赛"三等奖；学生参加东莞市小学生规范汉字比赛屡获一等奖；参加广东省、东莞市小学生汉字听写大赛获得一等奖。在课题组的推动下，学生能写能说、敢说乐写，口语表达能力和书面表达能力大为提升。

日日晨诵，朝朝吟诵，如今我校书声琅琅，学生书生气十足，无论是阅读量还是识字量都大为提升，这主要是因为我们落实"晨诵考核"，开展"海量阅读"，抓落实学生的口语表达能力考核力度较大。尤其是晨诵的落实，让孩子们在吟诵经典中，逐渐"胸有诗书气自华"。

东莞松山湖实验小学第一学期吟诵篇目安排见表2。

表2

周次	一年级	二年级	三年级	四年级	五年级	六年级
第一、二周	风	黄鹤楼送孟浩然之广陵	从军行	嫦娥	乞巧	竹石
第三、四周	渡汉江	望庐山瀑布	芙蓉楼送辛渐	牧童	惠崇春江晚景	乙亥杂诗
第五、六周	登鹳雀楼	望天门山	送元二使安西	元日	寒夜	村居
第七、八周	宿建德江	别董大	早发白帝城	书湖阴先生壁	秋夜将晓出篱迎凉有感	月下独酌
第九、十周	鸟鸣涧	江畔独步寻花七绝句其六（黄四娘家花满蹊）	凉州词	六月二十七日望湖楼醉书	示儿	金陵酒肆留别
第十一、十二周	独坐敬亭山	绝句（两个黄鹂鸣翠柳）	赠花卿	饮湖上初晴后雨	舟过安仁	闻官军收河南河北
第十三、十四周	秋浦歌	竹枝词	江畔独步寻花其五（黄师塔前江水东）	题西林壁	观书有感	登高
第十五、十六周	逢雪宿芙蓉山主人	乌衣巷	江南逢李龟年	赠刘景文	早春	游山西村
第十七、十八周	绝句（迟日江山丽）	山行	逢入京使	晓出净慈寺送林子方	墨梅	宣州谢朓楼饯别校书叔云
第十九、二十周	塞下曲	清明	枫桥夜泊	立春偶成	石灰吟	行路难

东莞松山湖实验小学第二学期吟诵篇目安排见表3。

表3

周次	一年级	二年级	三年级	四年级	五年级	六年级
第一、二周	塞下曲	蜂	小儿垂钓	雪梅二首其一（梅雪争春未肯降）	将进酒	橘颂·后皇嘉树
第三、四周	池上	泊船瓜洲	滁州西涧	夜书所见	关雎	渔歌子·西塞山前白鹭飞
第五、六周	梅花	春宵	城东早春	题临安邸	蟊斯	忆江南·江南好
第七、八周	夏日绝句	四时田园杂兴其一	秋思	绝句（古木阴中系短篷）	小星	虞美人·春花秋月何时了
第九、十周	咏柳	四时田园杂兴其二	寒食	七步诗	木瓜	苏幕遮·碧云天
第十一、十二周	回乡偶书	宿新市徐公店	初春小雨	饮酒	黍离	渔家傲·塞下秋来风景异
第十三、十四周	凉州词	小池	浪淘沙其一（九曲黄河万里沙）	望岳	蒹葭	蝶恋花·槛菊愁烟兰泣露
第十五、十六周	出塞	春日	望洞庭	过故人庄	鹿鸣	浣溪沙·照日深红暖见鱼
第十七、十八周	九月九日忆山东兄弟	乡村四月	江南春	山居秋暝	短歌行	蝶恋花·密州上元
第十九、二十周	赠汪伦	约客	秋夕	春夜喜雨	离骚	卜算子·送鲍浩然之浙东

在利用好《晨诵》教材的同时，我们要深入、扎实用好《午练》教材，并组建学校书法兴趣班，培养学生书法兴趣，提高书写能力。在学校午练工作组的辛勤耕耘和努力下，由范崇岩老师牵头，带领学生在参加松山湖园区、东莞市规范汉字书写比赛屡获嘉奖。例如，我校林琳同学获得东莞市小学生规范汉字书写比赛一等奖。

2. 教师的进步

经过4年多的努力，课题组成员进步神速，先后有唐维伦老师、陈德兵老师、孙道明老师被评为东莞市学科带头人，孙道明老师、郭武松老师获得东莞市小学语文教学能手称号，谢艳老师也在松山湖园区教学能手评选中获得一等奖。陈德兵老师、孙道明老师还应邀参加国家级吟诵课例展示、交流和讲座。在高效课堂建设方面，我校李芳、杨红菊、谢艳、颜丽琼、刘艳、张新元等诸位老师也做了示范课引领。更有年轻的老师如饶虹、陈超、陈娟、邓惠君、孙章玉等人多次受邀上示范课，年轻教师的成长进步迅速。同时，教师们对教材的解读能力、课堂教学驾驭能力、教学水平逐渐提高。无痕教育·智慧教室与高效课堂的整合，使得我们的面向全市的小学教学开放日活动取得强烈反响，其效果斐然。如今，我校的语文课堂教学更趋向于简洁、高效。教师们教得轻松，学生们学得愉快，教学相长，不断出新，共同进步，稳步提升，是我校语文教学整体改革后的真实写照。

3. 学校获得的荣誉

在这4年里，我校教师参加"中华诵·经典教育论坛组委会"组织的"中华诵·经典教育论坛暨羊城古风文艺汇演"获得优秀奖，并被"中国语文现代化学会吟诵分会"评为"中华吟诵示范学校"。我校在推进高效课堂建设方面，成效显著，被评为"东莞市首批高效课堂实验学校"。我校在广东省诗歌创作比赛中，成绩斐然，被评为"广东省诗歌教育示范学校"。我校还先后获得东莞市第八届读书节"我讲书中的故事"儿童故事大王比赛一等奖，被评为"中华吟诵示范学校"。

五、存在的问题与今后的研究方向

我们的这项小学语文课程整体改革实验，是一次带有革命性的研究实践。目前，全国还没有一所学校进行如此系统而深刻地教学改革。所以，我们没有多少可资借鉴的成功经验，一切都要靠我们去摸索、去创造。我们的教师都只能是一边学习、一边研究、一边实施教学，所以，我们需要上级领导给予我们更多的支持。

学术上的困难，我们一定会想办法去克服，去解决。我们会向省内外的专家教授虚心请教，我们坚信："办法总比问题多！"这些困难难不倒我们。但是，有些困难乃非学术上的困难，是我们自己解决不了的。比如，现行的教育质量评价机制制约了我们的课程改革，我们能否建立一套与我们的课改相适应的评价体系，这一问题一直以来困扰着我们。

我们的教师就这个问题，也在学习参考国内一些地区、学校先进考核办法的基础上，大胆提出了一些设想，但是，这也是一些很大胆的设想，需要上级领导研究、批示。有的教师提出：能否像杭州一样，允许学习优异的孩子申请免考，并为获得免考的孩子颁发证书；有的教师提出：能否像江苏一些学校，试卷分ABC三个等次，期末考试允许学生根据自己的学习程度选择不同难度的试卷；有的教师提出：能否打破"一张试卷定生死"的局面而从语文学习的各个方面出发全面考核学生的语文素养；还有的教师提出：能否像广州部分学校一样，改革低年级语文考试，将严肃呆板的笔试变为趣味的游园活动；更有教师建议：我们的小学语文教学，可否进行跨学科的整合，实施"走班制"教学，让学生自主选择课程，打破现有的课程体系和限制，最大化地全面提高学生的语文素养。

大家都知道，考试就是一根无形的指挥棒，决定着教师们的教学追求方向。考试的片面，往往导致教学的片面；考试的极端，带来的就是教学的极端。我们渴望教育主管部门在教育教学评价机制上给我们更大地支持。

教育是慢的艺术，任何追求急功近利的行为，在教育上都不会长久的。为了孩子的健康发展，我们有信心在这条一片荆棘的荒野上，用"筚路蓝缕，以启山林"的勇气，开辟出一条康庄大道来。

📖 课题研究资料

扬起海读的风帆

——海量阅读课程实施介绍

一、课内海读的意义

书籍是所有发明中最了不起的事情之一。它改变了人类的精神生活。古人云："天不生仲尼，万古如长夜。"如果没有书籍，人类的精神生活不亦"万古如长夜"吗?！有了书籍，便有了阅读。阅读意味着你能够与遥隔千载的先人们进行超越时空的精神对话，意味着你的心灵之翼可以自由自在地在另一个想象的世界里翔翔，意味着你能够体验你今生无缘亲历的许许多多浪漫奇异、惊心动魄的生活……但是随着时代的发展，随着电影、电视、广播、互联网等的普及，娱乐生活越来越丰富，人们的阅读意识越来越淡薄。但作为一名教师，尤其是语文教师，我深深地知道，阅读仍是不可代替的。阅读是传承民族文化的有力途径，是一个人与名人对话，进入深思考的过程，阅读的过程也是一个再创造的过程。在这个意义上，阅读最能激发孩子的想象力和创造力。

而阅读是长期的、日积月累的、潜移默化的，是伴随人的一生的。更重要的是，阅读影响的是一个人素质中最基本、最核心的东西——审美观、道德观和人生观。"腹有诗书气自华""知书达理"指的就是这个影响。同时，阅读既是一个了解世界和思考世界的过程，又是一个人精神得以成长的重要途径。而且，这个"读"需要一定量的积累，光靠一本教材是远远不够的，需要大量地阅读、反刍、提升，从而养成内省和深思的习惯。因此，阅读越来越被教师和家长所重视。

"具有独立阅读的能力，学会运用多种阅读方法。有较为丰富的积累和良好的语感，注重情感体验，发展感受和理解的能力。能阅读日常的书报杂志，能初步鉴赏文学作品，丰富自己的精神世界。能借助工具书阅读浅易文言文。背诵优秀诗文240篇（段）。九年课外阅读总量应在400万字以上。"这是2011年新课程标准制订的阅读目标。这只是一个保底目标。要达到这个目标，关键是孩子的自主阅读能力和阅读兴趣。快速突破识字关则是实现孩子自主阅读的有效途径。

二、海读目标规划

海读目标规划见图1、表4。

图1

表4 海读目标规划表

	具体项目	操作过程	考核评价
课内阅读	教材教学	一至三年级部编版教材，四至六年级人教版教材	一年级：游考，二至六年级：常规考核
	补充教学	一年级：《童谣》7本、《千字文》 二年级：《趣读识写一条龙》《成语接龙》《韵读成语》《常礼举要》 三年级：《最好方法读唐诗》《唐诗故事》 四年级：《读论语学成语》 五年级：《读历史学成语》 六年级：《上下五千年》	活动与课程整合分级展示活动
	诗意启蒙	一至六年级《晨诵》教材	特色课程考核
课外阅读	班级共读	各年级指定共读书目 每周阅读课：读物推荐、读中交流、阅读指导、读后分享	戏剧与阅读课程的整合，集表演、音乐、舞蹈的跨学科整合性学习活动。借助"超星"阅读系统评价
	亲子共读	各年级推荐亲子共读书目	班级交流考核
	流动阅读	必读书目推荐班级读书角漂流	班级交流考核

三、海读教学建议

（一）精简课堂程序

苏霍姆林斯基曾说过，对于辅导差生不是靠补课，而是阅读，阅读再阅读。怎样才能高效地阅读？对于低年级，特别是一年级孩子来说，采用整体输入、指读定位认读法、图像照相记忆法等阅读方法，利用手、眼、口、心四合一，可以实现注意力高度集中的训练，减少多余的分析和理解；大量一知半解，囫囵吞枣地输入，多吞食，少咀嚼，再反刍，即"鲸吞牛食"法，有助于大量积累。孩子在积累的过程中提升语感，自然识字。教师在读的过程中穿插一些游戏、变换读的形式、简单的问答交流以调节学生情绪，把握课堂的松弛度，见图2。

1.每天从前面甚至第一课开始复习。
2.认真听老师或录音读一遍。
3.跟老师读。
4.跟录音读。
5.游戏。
师读：说话。
生：找字圈字拼读 shuo hua。
6.简单交流。
师：小溪流怎么说话？
生：哗哗，哗哗。
师：喵喵 喵喵 谁说话？
7.运用_____说话，_____。

图2

精简课堂程序，转化师生角色，引用学校自学、合学、展学的"四学五明"课堂教学模式，充分凸显学生的主体地位。

（二）保证补充教材的教学时间

在教学过程中，教师根据年级、班级的实际情况，可以先教教材，再学海读教材内容，也可以多项内容并列前行。一年级上册课堂阅读教学实践计划见表5：

表5　一年级上册课堂阅读教学实践计划

月份	早读	教材（每周四课时）	补充教材（每周四课时）	认字写字（每周一节加午练）	品德（每周两节）	绘本赏读机动时间	共读共写（阅读课每周一节）	推荐阅读、班级阅读形式（选读书目）
九月	晨诵吟诵	《入学儿歌》《识名字找朋友》课本第一、二单元	《学拼音儿歌77首》《三字新童谣》	《趣写识字一条龙》（上）笔画儿歌部分	1.品德与素养展示（读、说、写）一节 2.自主识字一节	融入集体生活——朋友主题系列绘本		建立班级图书库或循环书包、制定借阅制度及评价制度
十月	课本第三、四单元	《三字新童谣》《成语儿歌100首》	《趣写识字一条龙》（上）笔画儿歌部分配套笔画字帖练字	1.品德与素养展示（读、说、写）一节 2.自主识字一节	爸爸主题绘本	《一年级鲜事多》	阅读分享交流及好书推荐活动

月份	早读	教材（每周四课时）	补充教材（每周四课时）	认字写字（每周一节加午练）	品德（每周两节）	绘本赏读机动时间	共读共写（阅读课每周一节）	推荐阅读、班级阅读形式（选读书目）
十一月		课本第五、六单元	《成语儿歌100首》	《趣写识字一条龙》（上）左（旁）部首	1.品德与素养展示（读、说、写）一节 2.自主识字一节	爱主题绘本	小猪唏哩呼噜	阅读分享交流及好书推荐活动
十二月		课本第七、八单元	《谚语儿歌100首》	《趣写识字一条龙》（上）左（旁）部首	1.品德与素养展示（读、说、写）一节 2.自主识字一节	牙齿主题绘本	大个子老鼠小个子猫	班级故事大王评比赛
一月		复习与检测	复习巩固与仔细品味学过的歌	复习与检测评价	1.品德与素养展示（读、说、写）一节 2.自主识字一节	家主题绘本	流星没有耳朵	阅读卡或统计表 阅读量（本数、字数）

四、海读学习流程

海读补充教材，基本采用以下教学流程，可根据各学段及班级师生的实际情况做适当调整。

个体自学：

（1）听录音，老师范读，整体感知。（每节课学习5~8首）

（2）自由读，字典正音，读正确对子对学。

对子互读，要求读通、读顺、读流利，小组合学：

组长组织学习，多形式读；

了解相关论语故事（老师推送）小组讨论、理解大意。

老师解决小组合学中的疑难问题并进行班级展学：

（1）多形式朗读、背诵。

（2）背诵展示。

（中高学段）

五、效果检测

教师根据孩子基本素养、学习能力的差异，以鼓励为主，采用星级评价制，激发孩子内在向上的学习动力，见表6。

表6 《　　　　》检测表

效果内容	拼读音节	指读儿歌	背诵儿歌	认读生字	一次检查通过奖励一颗☆
1～10页					
11～20页					一次检查2组赠 ☆
21～30页					一次检查3组赠 ☆☆
31～40页					一次检查4组赠 ☆☆☆
41～50页					一次检查5组赠 ☆☆☆☆
51～60页					一次检查6组赠 ☆☆☆☆☆
61～70页					一次检查7组赠 ☆☆☆☆☆☆
71～80页					一次检查8组赠 ☆☆☆☆☆☆☆
81～90页					一次检查9组赠 ☆☆☆☆☆☆☆☆
91～99页					

六、成果展示

展示形式不限，可以考核、可以舞台表演、竞赛、创作、可以是作品展示等等，不拘一格，形式多样，争取给每一个孩子提供展示的机会。

一年级展示活动

《三字童谣》诵读与创作展

一、活动目的

激发孩子阅读、背诵童谣的兴趣，养成诵读、阅读的习惯。在反复地诵读中积累语言、结合照相记忆法，自然认识汉字，并适当地运用语言，特举行本次展示活动。

二、学习目标

全书共128首童谣，有会读、会背、会认生字三个层次的要求。一星"会读"要求全部落实，鼓励一半以上孩子会背（二星），会认生字（三星）。

三、展示内容

全书128首儿歌，分7组，背诵班级安排见表7。

表7

内容	一组	二组	三组	四组	五组	六组	七组
班级	12个班	6、7班	5、8班	3、9班	2、12班	4、10班	1、11组

四、展示时间

11月30日周四第一节。

五、展示地点

各班班级。

六、参与人员

全体语文教师及相关人员（各班邀请2名家长参加）。

七、展示效果

一年级的全体学生参与了本次展示活动。展示活动的内容为《三字童谣》中的108首儿歌，由各班自选的10首编排成一个简单的语言节目，其余由参观教师任意抽背其中两首。

展示活动的形式非常多样，个人背、小组背、比赛背、车轮式背、加动作背、情景式表演背、童谣创作展示等。在每一种花样背诵中，我们都能看到孩子们积极向上的精神面貌，能落落大方地展示自己，能绘声绘色地背诵其中的内容。

教师和孩子们都能认真对待这次展示活动，在平时的教学中就做好了积极地准备。孩子们的精彩表现赢得家长和与会教师的一致好评。大家都深深体会到，给孩子一个舞台和机会，孩子将给我们意想不到的回报。一个月的学习，让我们看到孩子们那超出我们想象的朗读能力、记忆能力、想象能力，更坚定了我们带领孩子海量阅读的信心。让更多的书籍犹如日常的饭菜一样融入孩子的骨血，成为孩子身体和生命的一部分。

附：

精彩回放

图3

作品欣赏

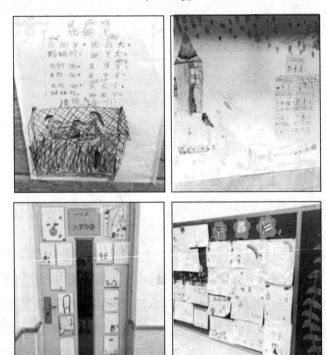

图4

阅读的力量能够影响一个孩子的终生。就从一年级开始让海量阅读为孩子的人生涂上美丽的底色。

📖 二年级展示活动

在阅读中生长，在坚持中绽放

一、活动目的

扎实推进二年级海量阅读特色工程，引领师生、班级、家庭自觉开展读书活动，诵读中华经典，提升人文素养，营造书香校园，打造书香班级，培树书香家庭。

二、活动内容

海量阅读成果展示，充分展现一二年级开展海量阅读积淀的成效。

三、活动规划

整体工作由年级组、语文备课组主体负责，由所有语文教师、班主任具体实施，由所有任课教师协助。

（1）宣传发动：第二周，制定活动具体安排及评价标准。

（2）活动准备：第三周至第十五周，开展具体准备工作。

（3）活动展示：第十六周，各项成果展示及活动总结。

四、活动要求

（1）本次活动扩大参与面，力争全体学生参与到展示活动中。

（2）本次活动不仅评选出优秀的个体和集体，还排查各班级后进生的读书效果，给予后进生更多地展示和激励机会，让后进生树立信心。

（3）本次活动评选的优秀典型有：读书小博士、书香家庭等。

附：

海量阅读展示活动安排

（1）第三周至第十五周，各班收集学生作品，整理、装订成集。

（2）第三周至十五周，各班准备展示班级特色成果的节目。

（3）第十四周，各班评选读书小博士。

（4）第十五周，采用自愿报名、班级推荐、公开评选相结合的方式评选班级、年级书香家庭。

（5）第十六周星期五（6月15日），海量阅读成果展示会在报告厅进行。

成果展示要求及评价标准

一、学生作品集展示评价标准

班级作品集。各班整理部编版教材的单元主题写话训练和平时写话练习作品，纸张规格为A4，配画，装订成册，不少于5册。

个人作品集。学生整理以往写话作品或绘本，纸张规格为A4，配画，装订成册，可个人作品成册，可小组作品成册。

（1）写话内容丰富，有文采。（4分）

（2）字迹清楚，版面整洁。（2分）

（3）版面设计新颖，图文并茂，每集配封面。（2分）

（4）每册主题突出，数量为10篇以上。（2分）

二、"书塔挑战"展示评价标准

学生整理个人二年级以来的阅读书目，把读过的书罗列下来，把书名写在纸条上，依次贴在大卡纸上，把二年级以来读过的每本书都叠起来，像书塔一样，看看最后谁会"阅读等身"。

三、书香家庭评选标准

书香家庭评选活动采用自愿报名、班级推荐、公开评选相结合的方式进行。各班级先进行初评，选出3个家庭参与年级评选，最后评选16个为本年级书香家庭，第十五周周四完成上报。

（1）家庭有良好的读书环境，建立有"家庭书屋"（"家庭书柜"或"家庭书架"），有一定数量的适合孩子阅读的课外读物（家庭藏书情况）至少40册。

（2）家长和孩子能共同拟订读书计划，按计划读书。家长能教育并引导孩子多读书，读好书，读整本的书。

（3）孩子每天在校的阅读时间不少于半小时，在家阅读不少于半小时。"亲子共读"每周至少有两个小时的时间。

（4）家长与孩子每月至少有一次读书交流，共同讨论交流读书心得、读书方法。家长经常关心孩子在学校的读书情况。

（5）利用周末或其他休息时间，家长能带孩子到书店或图书馆买书、看书，让读书成为一种休闲时尚。

（6）孩子经常参加班级、学校或校外的读书活动，如秀场、读书分享、故事比赛等。

（7）孩子在报纸或刊物上发表文章。

书香家庭展示项目：

（1）书香家庭合照。

（2）书香家庭介绍。

（3）亲子共读阅读心得，内容丰富，联系实际，有一定价值，有家长阅读感受。

四、特色节目展示标准

（1）节目内容主题突出、鲜明，能展现班级孩子海量阅读特色成果，可尝试有创意的表演形式。

（2）表演者字音准确，声音洪亮，表达自然流畅。

（3）表演者精神面貌好，表情丰富，表达自然大方，动作恰当。

（4）节目富有创意，有一定的感召力。

（5）服装统一。

五、阅读交流会标准

（1）阅读内容丰富，精选二年级精读的8本书目。

（2）学生代表（3个）做读书分享，每人时间5分钟。

（3）学生主持，现场互动，来宾抽查积累（400条成语、谚语、歇后语、俗语）与阅读情况。

六、精彩活动回放

图5

📖 三年级展示活动

大唐诗韵——诗词大会

一、活动意义

三年级在本学年继续推进课内海量阅读，以唐诗为主，进一步营造经典诵读的学习氛围，深化优秀传统文化在校园文化建设中的积极作用，形成年级教学特色。回顾学习时光，我们亲近中华经典，诵读精美诗篇。为完善课程结构体系，我们围绕"大唐诗韵"主题，举行一系列活动。

三年级上学期的古诗词教学，我们以"四学五明"为教学模式，注重渗透大量的古诗文化，人文背景来"解诗"。而本学期，我们继续深度推进，更关注古诗词量的积累，旨在开拓视野，陶冶情操，通过多种方式展示学习成果，真正实现学生"胸藏文墨虚若谷，腹有诗书气自华"。

二、活动目的

（1）继续推进年级文化建设，弘扬中华传统文化，打造年级诗词教学特色。

（2）通过活动，激发学生诵读积累热情，使师生养成多读经典，会读经典的良好习惯。

（3）使广大的师生借本次活动的平台，更新知识，发展智力，开阔视野，为终生学习发展奠基。

三、活动主题

弘扬传统文化，提高自身修养。

四、活动对象

三年级全体学生。

五、活动时间

2017年12月25日—2018年1月2日。

六、活动形式

（一）大量诵读积累唐诗

古诗词教学是三年级语文海量阅读重点推进的课程。本学期，三年级的古诗词教学以《最好的方法读唐诗》第二册为蓝本，以"诗圣"杜甫为经纬线，贯穿始终。三年级教师通过创设各种情境，打破书本的固有走向，以可视化的"思维导图"为手段，使得学生对每一位诗人的人生轨迹与诗歌创作有一个大体的框架和思路。这样的学习与积累，较上学期更为科学和系统。所以，学生学习古诗不再感到枯燥，畏难情绪少了很多。这不，李白的《蜀道难》娓娓道来，就连初中才学的《石壕吏》也不在话下。一学年下来，算上上册已熟读成诵的唐诗，再加上校本课程《晨诵》中的古诗词，150余首的古诗词量，有近85%以上的学生已能熟练背诵。

（二）"思维导图"了解大唐诗人，见图6—图8

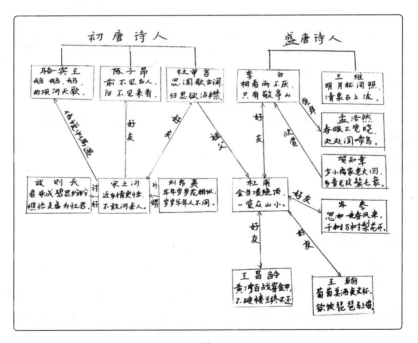

图6

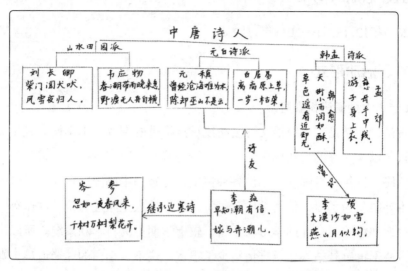

图7

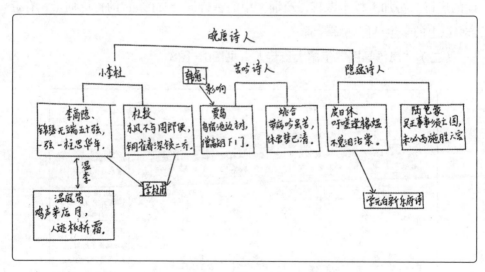

图8

（三）创新考核方式

5月31日下午15：00，三年级各班开始了"诗词大会"。这次诗词大会的目的是深度展示我们学生学古诗、背古诗、积累古诗的情况。出题者面对浩瀚的古诗，需对古诗有一番深入研究，总结特点，发现规律，并对之前的题目进行创新，如加入了吟诵题目、讲古诗背后的故事等。题目不再过于"烧脑"，而是注重学生对古诗的深度理解。

为了展现孩子们的风采，这次古诗词大会以"考核"的方式进行，各班特意邀请了热心家长参与，有的担任考官，有的担任评委，并设计了评分表格，见表8。本次古诗词大会，有孩子们的吟诵、吟唱节目，还有各种类型的题目的抢答环节。在答题过程中，家长们还要求孩子们讲讲与题目相关的唐诗故事，孩子们亦是娓娓道来。家长们的积极参与，极大地鼓舞了孩子们展示的胆量。大家欢聚一堂，与其说是古诗词考核，还不如说是一堂古诗的"盛宴"。

表8　评分表格

题目类型	声音响亮、流利，回答正确（5分）	答题精神状态（5分）	得分
吟诵			
对诗句			
猜诗句			
飞花令			
随机抽查背古诗			
连线题			
单选题			
部首、偏旁猜诗句			
根据背景背古诗			
看图猜诗			
总分			

（四）学习唐诗小调查

为了不断改进教学方法，更好地开展古诗教学，我们设计了《大唐诗韵》家长反馈表，旨在提高古诗词海量阅读教学质量。

问卷调查内容

1. 这一年来，您对孩子的古诗积累（背诵）满意吗？（　　）

A. 非常满意

B. 满意

C. 一般

D. 不满意

2. 根据孩子的实际情况，您经常抽查孩子背诵古诗吗？（　　）

A. 经常抽查

B. 老师要求才抽查

C. 从未抽查过

3. 这一年来，您的孩子会背诵多少首古诗？（　　）

A. 100首以上

B. 70～80首

C. 从未抽查过

4. 您有没有经常跟孩子讲唐诗里的故事？（　　）

A. 经常讲

B. 有时讲

C. 从没讲过

5. 为了不断改进教学方法，更好地开展古诗教学，请写下您的宝贵意见和建议，我们将根据实际情况借鉴整改。感谢您的配合与支持。

📖 四年级展示活动

弘扬家教家风 树立家国情怀
—— 漫画创作

为了围绕无痕德育立德树人根本任务，对我校学生进行社会主义核心价值观和优秀传统文化宣传教育，进一步加强对青少年的爱国主义教育，大力弘扬中华传统家庭美德，提高青少年思想道德素质，结合我校要求及级部实际情况，我们制订本方案。

一、活动目的

家风是社会风尚的基础，家教是社会主义核心价值观的良好补充，好的家教家风可以陪伴孩子健康成长，推动社会文明进步。开展好这项活动可以突出家庭教育的重要性，引导学生继承中华传统美德，促进社会主义核心价值观在广大家庭中落地生根。

二、活动主题

弘扬家教家风，树立家国情怀。

三、活动内容

（1）读《论语》——传承中华传统美德。我们结合本级部特色，开展经典家训诵读活动和亲子读书活动。由于本学期我们级部的阅读课程为读《论语》、学成语，我们将组织学生、家长诵读《论语》，汲取精髓、启迪智慧、塑造心灵。我们搭建交流成长平台，引导学生和家长理解《论语》的深刻内涵。

（2）画《论语》——传真情悟经典树家风。基于我校实际，我们组织学生以四格漫画的形式，围绕《论语》中出现的故事及学会的道理，将所学所悟所感画出来。学校予以展示。

（3）微生活——展现家风故事。我们组织学生利用微视频采录生活中的家风故事。内容要独立完整，聚焦到点，做到"微而精"；录制时长为1分钟，视频图像要清晰稳定，声音清楚，声画同步。

四、活动要求

（1）各班级班主任、语文教师认真组织好此次活动，按要求时限完成好系列活动。

（2）班主任利用微课掌上通、班级微信群、班级QQ群进行广泛宣传，让学生和家长积极参与到这次活动中来。

（3）各班级将本班中的优秀作品上交到学校，学校将进行集中展示。

五年级展示活动

中华智慧 自成语境
——成语竞赛

一、活动背景

中国文化源远流长，文字是其中的一种表现形式，从结绳记事到甲骨文，从金文篆书到行楷隶草，从象形会意到形声指示，一步步发展完善为我们今天的汉字。而有一种词语，它们大多是由四个汉字构成，短小精悍，寓意深刻，大部分还有出处和故事，那就是成语。让我们用成语传承中华优秀文化，传播华夏历史文明，提高表达能力与交际水平。

二、活动目的

在本次成语大会中，我们将综合各方面基础知识，迎合学生兴趣爱好，通过知识竞赛的形式，提高学生综合素养，拓展知识面，营造积极的学习氛围，努力打造具有实小的学习特色品牌。

三、活动时间

2018年5月下旬。

四、活动主题

中华智慧，自成语境。

五、参与对象

五年级全体学生。

六、具体安排

（1）各班级按照《读历史学成语》的内容，根据本班实际情况有计划地安排学生学习，并掌握书中的成语，了解成语由来的历史，并会应用。

（2）赛程分预赛和决赛。预赛，各班通过笔试的形式筛选出5名学生进入年级总决赛。

（3）总决赛形式以成语知识竞答为主。为了公平起见，每一关都备有6套题签，按顺序由各代表队抽选题签进行回答。

流程大体如下。

活动一：珠联璧合·连成语。

规则：本环节比赛一共有6组选题，每个队伍任意选择其中一组题，把成语补充完整，填对一个成语得1分。成语顺序为从左至右，从上至下。每组题均有5个字提示。

活动二：心有灵犀·猜成语。

本环节比赛要求每小组派出一名队员面对屏幕演绎，其余队员背对屏幕猜成语。演绎者可以利用语言或肢体表达，但不可说出成语中的字。猜对一个成语得1分，每组有20个成语，限时2分钟。

活动三：寻根问底·觅成语。

本比赛一共有6个选题。每个参赛队伍任意选择其中一题作答，根据成语意思，将成语填到合适的语境中，填对一个成语得1分。

活动四：蛛丝马迹·议成语。

本环节比赛是本场比赛的最后一项内容，本环节为抢答题。学生根据提示的信息说出相关成语，答对得2分，答错扣2分。如回答错误，其他小组可继续抢答。

活动五：由教师负责组织学生编排《项庄舞剑，意在沛公》的课本剧，作为赛前全场节目（节目的背景音乐及演员名单由语文教师负责挑选）。

附：

活动剪影

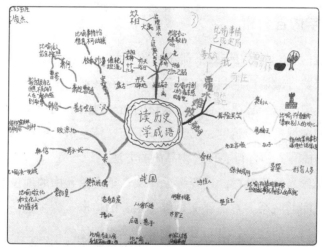

图9

《全神贯注》教学设计

设计者：杨红菊

学　校：东莞松山湖实验小学

教　材：《全神贯注》四年级下册

课　型：阅读教学

时　间：40分钟

一、教学内容分析

《全神贯注》人教版四年级下册第七单元的一篇略读课文，生动地记叙了法国大雕塑家罗丹邀请奥地利作家斯蒂芬·茨威格到家里做客，自己却如痴如醉地投入工作中，完全忘记了客人。教材的编写目的一是让学生学习做事要有执着的态度和全神贯注的精神，培养一丝不苟、精益求精的作风；二是让学生初步学习通过描写人物言行表现人物品质的方法。

教师除了深入钻研教材，还要考虑课文在整个单元中的地位和作用，以及与前后课文之间的联系。本篇课文是以"执着的追求"为主题，选取的是名人和普通人不懈追求的故事，富有教育意义。本组训练的重点是：学生能把握课文的主要内容，留心人物的外貌、动作和语言描写的方法，体会人物的执着追求精神；学生能在学习的过程中提出不懂的问题并讨论解决；学生还要学习通过具体的事例来描写一个人精神风貌的方法。

二、学情分析

四年级的学生活泼好动，思维活跃，乐于模仿和参与活动。因此，这节课以个体自学、小组合学、班级展学、拓展促学为主要教学环节。本课的教学重难点是让学生通过人物言行体会罗丹如痴如醉工作的情景，进而体会"全神贯注"的含义。课文第二自然段叙述"罗丹一会儿上前，一会儿后退，嘴里叽里咕噜的，好像跟谁在说悄悄话；忽然眼睛闪着异样的光，似乎在跟谁激烈地争吵。……"这些语言、动作、神态反映罗丹全神贯注地工作的情景，是本课教学的重点段。对于10岁左右的孩子，理解这些内容，体会这种意境有一定难度。如果单凭教师的讲解，采用硬灌的方法，效果一定不佳。教师可以从重点句"他像喝醉了酒一样"切入，引导学生联系生活实际说一说喝醉酒的人是什么样的；模仿一下，并通过富有激情的朗读，把罗丹工作时的全身心投入、如痴如醉的工作作风表达出来。

三、教学目标

（1）有感情地朗读课文，学会抓重点语句，朗读感悟罗丹做事全神贯注的品格。

（2）体会最后一个自然段茨威格所说的话的含义。

（3）学习罗丹做事全神贯注的品格。

四、教学重难点

（1）教学重点：研读第二自然段，感悟罗丹全神贯注修改女像的语句。

（2）教学难点：通过人物言行体会罗丹如痴如醉工作的情景，进而体会"全神贯注"的含义。

五、教学资源

多媒体课件、视频文件。

六、教学评价

在本节课中，笔者根据四年级小学生的年龄、心理及个性特点，采取了多样的评价手段和方法。

（1）表扬评价：是在小学课堂教学活动中最常用的一种评价方法，是激发小学生的内在潜能的重要手段，也是提高小学生学习兴趣的有效途径。在本节课中，笔者用了"你的见解真独到""你的朗读富有感染力""××小组合作讨论很激烈"等鼓励性的用语，对学生个人、小组及全班进行了鼓励性评价。

（2）小组评价：笔者对当堂在课堂倾听、课堂发言、课堂活动等方面表现好的小组进行评价，评选出50%的优秀小组。

（3）班级优化大师评价：笔者对于课堂上表现优秀的个人，在班级优化大师上进行评价。

七、教学过程

（一）谈话激趣，引出"全神贯注"

同学们，课前我们来玩一个游戏，请大家认真听我说话，你能把我话中的成语全部说出来吗？今天我们班高朋满座，使我们班蓬荜生辉，同学们个个正襟危坐，两眼炯炯有神，真让我赏心悦目。相信同学们都在跃跃欲试，很想在今天的课堂上大显身手。杨老师拭目以待。

大家能准确地听出我说话中的成语，说明大家听得很认真，那么，表示听讲很认真的成语有哪些呢？请说出几个来。（揭示课题并释题）

【设计意图】对小学生来说，必须以语言实践为主，要多听多读多写。教师要适当给予语言规律和方法的指导。此处设计力求在游戏过程中让学生掌握方法，获取知识，形成能力。

（二）个体自学，感知"全神贯注"

（1）自读课文，思考：课文讲了谁，他在全神贯注地干什么？

（2）汇报自学情况。

（3）介绍罗丹的相关资料。

【设计意图】对四年级的小学生来说，概括课文内容还是有一定的难度的，而四年级阅读教学的重点就是要让学生学习归纳课文的主要内容。因此本课教学我还注重学法的指导，教给学生用"题目扩展法"也可以概括文章主要内容。

（三）小组合学，品味"全神贯注"

小组合学：罗丹是怎样全神贯注的？课文中哪些句子最能表现罗丹全神贯注？找出来在小组内好好读一读，品一品。

班级展学1："只见罗丹一会儿上前，一会儿后退，嘴里叽里咕噜的，好像跟谁在说悄悄话；忽然眼睛闪着异样的光，似乎在跟谁激烈地争吵。他把地板踩得吱吱响，手不停地挥动……一刻钟过去了，半小时过去了，罗丹越干越有劲，情绪更加激动了。"

（1）学生汇报展示，其他学生补充质疑并小结写法。

（2）他的"眼睛闪着异样的光，似乎在跟谁激烈地争吵。"这一句话给了我们无限想象的空间，他其实是在跟自己争吵，他的内心有个声音在争吵，他的内心又会在争吵些什么呢？请同学们发挥想象写一写罗丹当时心理状况。只见罗丹一会儿皱着眉头说"＿＿＿＿"；一会儿捋着胡子说"＿＿＿＿"；一会儿说"＿＿＿＿"。（引导学生进行合理想象写话）

（3）指导朗读。（读出罗丹激动的样子）

【设计意图】课文中的"空白点"一般都是学生的疑点难点，也是教学的重点或突破点，但有时它存在于很浅显的句子中而往往为人所忽略。我设计这样几个步骤：先由教师范读，再由学生自己读，读中想象，揣摩体味，让学生透过文字的表面去猜一猜罗丹的想法。在这个过程中，学生感受到罗丹当时的工作状态，理解了"全神贯注"这个词语的含义，更重要的是他们学到了什么是真正的阅读。

班级展学2："他像喝醉了酒一样，整个世界对他来讲好像已经消失了——大约过了一个小时，罗丹才停下来，对着女像痴痴地微笑，然后轻轻地吁了口气，重新把湿布披在塑像上。"

（1）学生代表汇报展示，其他学生补充质疑并小结写法。教师适时介入引导学生体会：

"他像喝醉了酒一样，整个世界对他来讲好像已经消失了"——我们从这句话看出他沉浸在自己的作品中，完全忘记了周围的一切。

"对着女像痴痴地微笑，然后轻轻地吁了口气"——罗丹终于修改好了作品，他在欣赏着自己的创作成果，享受着成功的喜悦。

（2）你平时看到的喝醉了的人是怎么样的？罗丹的"醉"和平时喝醉酒的人的"醉"会有什么不同？（罗丹的"醉"是一种沉醉，是一种陶醉，他在品味创作成功的喜悦而完全忘记了周围的一切）

（3）指导朗读。（着重指导读好"才""痴痴地微笑"等词）

【设计意图】我在教"痴痴"一词时，通过选择字义的方式——既解决了生字的字义，又使学生感悟到罗丹对工作的痴迷；同时，又与上文的"他像喝醉了酒一样"巧妙地联系在一起——一个如痴如醉的工作狂形象跃然纸上。板书也顺理成章。学生不仅把语言文字所承载的信息提取出来，而且体会到作者是如何遣词造句的。"立体化"的教学使学生对语言文字的感知强度增大。

班级展学3："茨威格见罗丹工作完了，走上前去准备同他交谈。罗丹径自走出门去，随手拉上门准备上锁。

茨威格莫名其妙，赶忙叫住罗丹：'喂！亲爱的朋友，你怎么啦？我还在屋子里呢！'罗丹这才猛然想起他的客人来，他推开门，很抱歉地对茨威格说：'哎哟！你看我，简直把你忘记了。对不起，请不要见怪。'"

学生代表汇报展示，其他学生补充质疑小结写法并指导朗读。

（四）拓展促学，升华"全神贯注"

过渡：罗丹全神贯注地工作，忘记了所有的一切，包括他邀请来的老朋友，面对此情此景，你有什么想说的？茨威格又有什么感受？

（1）出示：那一天下午，我在罗丹工作室里学到的，比我多年在学校里学到的还要多。因为从那时起，我知道人类的一切工作，如果值得去做，而且要做得好，就应该全神贯注。

①指导学生把句子读好，说说自己的体会。

②出示：那一天下午，我在罗丹工作室里学到的，比我多年在学校里学到的还要多。因为从那时起，我知道人类的一切工作，都应该全神贯注。——让学生说说两句话的不同。

③哪些事是值得去做的呢？

师小结：茨威格不愧是个大作家，说的话都这样严谨。让我们一起再用心地读一读茨威格的这句话。

④让我们把他说的话刻在心里，当我们遇到值得去做，而且要做好的事时，就全神贯注去做吧。（让学生把这句话背下来）

过渡：罗丹做到了这一点，所以他创作出了一件件让世界震惊、世人瞩目的艺术珍品，让我们来欣赏其中的几件吧。

（2）欣赏罗丹的部分作品。

（3）补充读诗。

师：怪不得，有人会饱含深情地写下了心目中的罗丹。

教师出示小诗，学生齐读。

他，一个在艺术激浪中的漂流者，

他，会用很长的时间去凝视一块石头。哦，不！

他，不只是艺术家。

他，是一个赋予石头灵魂的人。他，正是——罗丹！

（4）小练笔。（任选一项）

① 模仿文章描写人物的方法，写一段反映一个人全神贯注做一件事的话。例如：他（她）全神贯注地读书（写作业、辅导学生、打扫卫生、做操、做饭……）。

② 模仿文章描写人物的方法，写一写罗丹在全神贯注地工作时，茨威格在全神贯注地做些什么？

结束语：一节课已近尾声，回想课文留给我们的很多启示，但请记住一句话，人类的一切工作，如果值得去做，而且要做得好，就应该——（生接）全神贯注。

【设计意图】对于最后一句话的理解，学生初读课文觉得一目了然，可实际上读懂的仅是文字的表面意思。我采用了"层层剥笋"法：①任何工作，首先要值得去做，然后要做好，就必须怎么样？②罗丹认为什么事值得去做？③他认为应该做好吗？"层层剥笋"法就是紧扣语言文字，从一点切入，然后逐层展开，层层递进，直至最后揭示文章主旨，达到训练目的的教学方法。这种方法有利于训练学生敏锐的语感，强化语言文字训练。

而罗丹作品的视频欣赏，既是对罗丹的深入了解，也是对罗丹全神贯注工作态度的有力诠释。练笔的设计让学生学以致用，把全神贯注的做事态度在实践中加以发扬光大。

（五）板书设计

全神贯注

如

痴

修改塑像　　如

醉

《蜘蛛开店》教学设计

设计者：陈超

学　校：松山湖实验小学

教　材：部编版小学二年级下册

课　型：阅读教学

时　间：40分钟

一、教学内容分析

《蜘蛛开店》是一篇童话故事，孩子们非常喜欢读，好玩又有趣。故事中的一次次事件让学生意想不到，却又合乎情理，使学生在读的时候乐得前仰后合。

故事讲述的是一只蜘蛛因为寂寞、无聊，所以决定开一家商店。蜘蛛开口罩店，来的第一位顾客就是河马；蜘蛛开围巾店，来的第一位顾客竟是长颈鹿；蜘蛛又开袜子店，来的第一位顾客居然是蜈蚣。最后，蜘蛛被吓得跑回网上，蜘蛛开店暂告失败！童话故事具有结构反复的特点。"卖口罩""卖围巾""卖袜子"三个部分，故事情节相类似，写法相似，都是按照蜘蛛想卖什么、换招牌、顾客是谁、结局怎样的顺序来叙述的。故事情节反复，一波三折更利于学生整体把握，整体复述。

二、学情分析

二年级的学生活泼好动，思维活跃，乐于模仿和参与活动。因此，这节课以学生读故事、讲故事、编故事为主要教学环节，目的是通过故事教学活动既培养学生初步的故事阅读能力，也培养学生相应的思维能力，同时锻炼学生自信表达能力。为了激发学生的学习兴趣，本课中讲故事环节增加了道具——头饰，这对低年级孩子吸引力极大。

三、教学目标

（1）认识"店、蹲、寂、寞"等15个生字，会写"店"字。

（2）能将课文字音读准，读好停顿，读出情感。

（3）根据示意图讲一讲故事片段。

（4）能够借助循环反复的语言和情节特点，放飞想象，续编故事。

四、教学重难点

（1）会认15个生字，会写"店"字。

（2）根据示意图复述故事片段。

五、教学资源

简易课件，生字卡。

六、教学评价

在本节课中，笔者根据二年级小学生的年龄、心理及个性特点，采取了多样的评价手段和方法。

（1）表扬评价。表扬评价是在小学语文教学活动中最常用的一种评价方法，是激发小学生的内在潜能的重要手段，也是提高小学生语文学习兴趣的有效途径。在本节课中，笔者用了"你真会读书，这只大大嘴巴的河马仿佛就来到我们的教室；你讲的故事绘声绘色，让大家听得都入迷了"等鼓励性、指导性的用语，对学生个人、小组及全班进行了鼓励性评价。

（2）学生互评。学生互评是学生以全班为单位对学生表演进行评价。在本课中，笔者在"讲故事"环节，组织学生对讲故事的孩子进行中肯评价，并给予掌声鼓励。

七、教学过程

课前游戏：

（1）学生齐读动物儿歌。

（2）教师吟诵《诗经·木瓜》。

（一）初识小蜘蛛，导入课题

师：同学们，今天我们将学习一篇有趣的童话故事。

（1）学生齐读课题。

（2）教师板书课题：《蜘蛛开店》。（顺势提示"虫"字旁书写要点）

（3）教师重点指导学生书写"店"字。

① 教师范写。

店：一点一横，撇是主笔要舒展，短竖短横占中线，口字写扁藏里边。

② 学生写。

③ 教师评价。

（4）延伸生活中出现的"店名"。

【设计意图】导入新课，言简意赅，直接进入有趣的童话世界。针对"店"字指导书写，并调动学生生活体验，引导生活识字，扩大识字量。

（二）感知小蜘蛛，读文识字

师：下面我们就一起去看看蜘蛛开的店吧！请孩子们打开课文，大声地读一读课文，注意读准字音。

（1）初读课文，整体感知。

（2）学习字词。

① 带拼音（同桌读）。

② 指名读（不带拼音）。

教师指导读音"口罩""工夫""换招牌"。

③ 全班齐读词语。

【设计意图】课标指出：阅读是学生个性化的行为，初读课文后，尊重学生的阅读体验，让学生初步感知小蜘蛛有趣的经历，激发学生学习童话的兴趣。词语反复认读，是从课文朗读到生字的学习桥梁。将词语从课文的整体环境中抽离出来，让学生认读有一定的难度，但是我们借助"拼音"这根拐杖，使学生认读难度不大。

（三）走进小蜘蛛，复述课文

师：嗯，读得很整齐。老师现在把字词藏到课文中，看，这是故事的开头，谁来读？指名读（重点指导停顿）。

1. 角色体验，感受"寂寞，无聊"

（1）引导：孩子们，假如……

你就是这只蜘蛛，你……可是！什么都没有……哎，实在是……

（2）随文识字：蹲。

（3）巩固生字，再读课文。

2. 读、讲好第一情节（2～4自然段）

过渡语：读得好极了，孩子们，寂寞无聊的蜘蛛，决定开一家商店，卖什么呢？

（板书：口罩编织店）

（1）指名读。（重点指导：停顿）

（2）挑战读第4自然段。（重点指导：读出兴奋的情感和河马嘴巴大的特殊形象）

师：谁来挑战读这一段？

①指名读。

②师生比赛读。（引导体会心理，读出跌宕起伏的感觉）

③全班齐读，带上动作读。

（3）教师小结。

（4）讲故事（第一情节）。

①生看着屏幕，练习补白。

屏幕出示："蜘蛛决定开一家商店，卖什么呢？就_____。因为_____。

于是，蜘蛛在一间小木屋外面挂了一个招牌，上面写着："_____"。

顾客来了，是一只河马。河马嘴巴那么大，口罩好难织啊，蜘蛛用了一整天的工夫，终于织完了。"

②生讲故事。

③师示范。

④生再尝试。

（5）读儿歌。

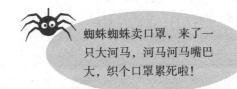

蜘蛛蜘蛛卖口罩，来了一只大河马，河马河马嘴巴大，织个口罩累死啦！

3. 读、讲好第二、三个情节（5～11自然段）

过渡语：讲得真好，老师也想和你们合作讲一讲后面的情节，老师讲蓝色的，你们讲黑色的。

（1）师生合作讲第二、三情节。

（2）补白复述。

PPT1

> 晚上，蜘蛛想：还是卖＿＿＿＿＿＿＿＿＿＿＿。
>
> ＿＿＿＿＿＿＿＿＿＿＿＿因为＿＿＿＿＿＿＿＿＿＿。
>
> 第二天，蜘蛛的招牌换了，上面写着："＿＿＿＿＿
>
> ＿＿＿＿＿＿＿＿＿＿＿＿＿＿＿＿＿＿＿。"

PPT2

> 蜘蛛累得趴倒在地上，心里想：还是卖＿＿＿＿＿＿，
>
> 因为＿＿＿＿＿＿＿＿＿＿＿＿＿＿＿＿。
>
> 第二天，蜘蛛的招牌又换了，上面写着"＿＿＿＿＿
>
> ＿＿＿＿＿＿＿＿＿＿＿＿＿＿＿＿。"

（3）引导发现。

> 卖什么呢？就卖口罩吧。因为口罩织起来很简单。
>
> 于是，蜘蛛在一间小木屋外面挂了一个招牌，上面写着："口罩编织店，每位顾客只需付一元钱。"

> 还是卖围巾吧，因为围巾织起来很简单。
>
> 第二天，蜘蛛的招牌换了，上面写着："围巾编织店，每位顾客只需付一元钱。"

还是<u>卖袜子吧</u>，因为袜子织起来很简单。

第二天，蜘蛛的招牌又换了，上面写着："袜子编织店，每位顾客只需付一元钱。"

（4）教师小结。

【设计意图】教师创设情境引导学生通过多种形式的朗读，不知不觉走进小蜘蛛的世界里。本单元教学重点是"借助提示讲故事"。教材从一年级开始就有意安排，本课也是借助示意图讲故事。在教讲故事环节中，教师采用"放—扶—放"的方式，更利于学生体验成功感。教师在课堂中穿插各种游戏调动孩子兴趣，巧妙揭示课文文体特点：重复、一波三折。

（四）感悟小蜘蛛，续编故事

过渡语：孩子们，你们猜，蜘蛛逃回网上后，又会有什么新的想法呢？又会有怎样意想不到的顾客呢？又会发生什么呢？

出示PPT：

 又会发生什么呢？

蜘蛛想：还是＿＿＿＿＿＿＿＿＿，因为＿＿＿＿＿＿＿。
第二天，蜘蛛的招牌换了，上面写着："＿＿＿＿＿＿

＿＿＿＿＿＿＿＿＿＿＿＿＿＿＿＿＿＿。"
顾客来了，＿＿＿＿＿＿＿＿＿＿＿＿＿＿＿＿＿。

（1）看提示，续编故事（同桌说）。

（2）指名说。

（3）教师小结：孩子们真会想象，真会表达！

【设计意图】教材最后有一个续编故事的任务，放在教学之后我们认为不利于指导学生语言的运用。于是，在课末我们通过创设情境，利用提示词，引导学生展开想象，感悟小蜘蛛有趣的"经商经历"，在想象中指导说话，提高学生的想象能力和语言运用能力。

（五）喜欢小蜘蛛，拓展延伸

（1）读儿歌，复现故事情节。

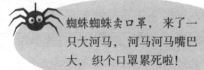

蜘蛛蜘蛛卖口罩，来了一只大河马，河马河马嘴巴大，织个口罩累死啦！

蜘蛛蜘蛛卖围巾，来了一只长颈鹿，长颈鹿长颈鹿脖子长，织个围巾累坏啦！

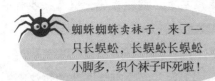

蜘蛛蜘蛛卖袜子，来了一只长蜈蚣，长蜈蚣长蜈蚣小脚多，织个袜子吓死啦！

（2）孩子们，好了，这节课上到这里，有兴趣的孩子可以继续编儿歌，编故事，你们都是很棒的小作家。下课！

【设计意图】在结课时，再读儿歌，既是回顾故事情节，又激发创作灵感，引发学生再次学习的兴趣，并且让学生在一个愉快的课堂氛围中进一步了解小蜘蛛的有趣生活，同时感受童话的魅力。

八、教学反思

《蜘蛛开店》是一篇童话故事，故事生动有趣且蕴含深刻的道理。对于学生来说，蜘蛛开店害怕麻烦，没有坚持精神比较容易懂；而且课文篇幅不长，理解起来较为容易。反思整个课堂有以下几点。

（一）合理性

这篇课文，重点在让孩子进行创编。教师在课前进行了动物儿歌的游戏做素材铺垫；中间进行了梯度帮扶，先是读好故事，读懂故事，接着进行填空书写课文内容，最后通过激发想象，让学生自由编创故事，一层层递进，一切水到渠成。

（二）准确性

课文的文体属于对话形式，动物的角色色彩鲜明，所以我们在备课时，把教学内容定位为读好不同的人物语气，读出人物角色的特点。我们还做了以下研究，课文的文体结构属于三段式，这是童话故事的典型特点，如重复，故事曲折，至少三次变化以上等等。上完课后，我发现这个定位很准确。而且是在自然状态中，顺势提及这个结构特点，不枯燥，易懂。

遗憾的是，由于时间没有把握好，原来设计的最后一个教学活动——读儿歌，读得不充分，未能及时收尾。同时，对于指导阅读还需要加倍钻研，如何有效，有层次，灵活处理教学环节，达到理想效果，是我今后研究的方向。

《棉花姑娘》教学设计

设计者：梁雪

学　　校：东莞松山湖实验小学

教　　材：《小学语文（部编版）》一年级下册

课　　型：阅读课

一、教学内容分析

棉花姑娘病了，叶子上长满了蚜虫。燕子只会捉空中飞的害虫，啄木鸟只能捉树干里的害虫，青蛙也只能捉田地里的害虫，它们都是"心有余而力不足"，看来谁也帮不了她。正当蚜虫们得意地吸食棉花姑娘的汁液时，七星瓢虫来了，把这些害虫一扫而光。棉花姑娘快乐地成长，吐出了雪白的棉花。

本课通过棉花姑娘请求燕子、啄木鸟等给自己治病的故事，告诉我们燕子、啄木鸟、青蛙和七星瓢虫分别吃什么地方害虫的科学常识。全文共六个自然段，第一段讲故事的起因，第二、三、四、五段讲棉花姑娘请求燕子、啄木鸟、青蛙给自己治病和七星瓢虫吃掉蚜虫的经过，第六段讲故事的结果。

课文采用童话的形式，寓生物常识于生动形象的故事之中，语言符合儿童特点，对学生了解科学知识有较强的启发作用。

二、学情分析

从学生已有基础来看，孩子们经过将近一年的学习，基本掌握了基本笔画和书写规律，但自主识字的能力有待提高。学生开始学写合体字，初步了解合体字的构字特点，但对间架结构和田字格占位掌握度不高。同时孩子们喜欢读童话，说童话，演童话，这为本课朗读与交流奠定了良好的基础。从已有的经验来看，学生的学习渠道很多，在生活中他们对益虫、益鸟就有了一定的了解，对搜集资料很感兴趣。

第一课时：

（1）熟读课文，解决字词，读好"棉花""姑娘"。

（2）照样子说一说：碧绿碧绿的＿＿＿＿＿＿＿，
　　　　　　　　　　雪白雪白的＿＿＿＿＿＿＿。

第二课时：

教学目标：

（1）通过圈一圈初步掌握提取信息的能力。

（2）采用多种形式读好对话。

（3）仿编对话。

教学重难点：

（1）采用多种形式读好对话。

（2）仿编对话。

教学资源：

课间、头饰、字卡。

教学评价：

根据孩子们的年龄特点，本节课采用积极的语言评价调动孩子们的课堂积极性和课堂参与度。

三、教学过程

（一）导入课文

同学们，看这幅图片画得是什么？我们今天继续学习课文《棉花姑娘》，美美地读一下课题。

（二）读好课文

（1）教师指导学生朗读第一自然段：通过音频了解蚜虫，读好"可恶"；抓重点词"多么"和"！"，读好语气。

听你们读得真美！棉花姑娘都咧开嘴笑了！棉花姑娘前几天可不是这样的，你们看，再找出句子，齐读句子。

学生齐读词语（蚜虫）。

教师播放录音后，引导学生朗读。

这可真是一群"可恶的蚜虫"，肆意地欺负美丽的棉花姑娘，这可真是"可恶的蚜虫"，把棉花姑娘咬得直哭，哼！这群"可恶的蚜虫"！

教师引导学生再读句子，指名读+齐读。

这么多蚜虫在吸食着棉花姑娘的汁液，这时她最想要的是什么？

教师引导学生齐读第二句话。

可恶的蚜虫肆意地欺负美丽的棉花姑娘，她_____；棉花姑娘特别疼，特别疼，她_____；棉花姑娘疼得直哭，她_____。

指名读（展示）：①读得正确流利。②你抓住了关键词。③你是棉花姑娘的知音啊！读出了她的愿望！

学生齐读第一自然段。

学生齐读最后一个自然段。

（2）教师引导学生提炼文章的主线。

要求：请大家再次打开语文书读课文，思考棉花姑娘都请哪些动物来帮她治病了？并用铅笔圈出动物的名字来，完成后用坐姿告诉老师。

汇报（板书）：燕子、啄木鸟、青蛙、七星瓢虫。我们一起来叫一叫它们的名字吧！

教师展示PPT，请学生填空，读好"请你帮我捉害虫吧！"

师引导读：你就是棉花姑娘，被蚜虫咬得浑身疼，这时燕子飞来了，棉花姑娘说：_____。

燕子没能帮助她，飞走了。啄木鸟飞来了，棉花姑娘说：_____。

哎，啄木鸟也飞走了。小青蛙跳来了，棉花姑娘又看到了希望，她高兴地说：_____。

是啊，无论棉花姑娘多么疼痛难耐，她依然有礼貌地请求别人，同样别人也会礼貌地回应她。

（3）教师引导学生读好对话，体会棉花姑娘越来越着急的心情和小动物们爱莫能助的无奈。

谁是有礼貌的小燕子和棉花姑娘呀？哇，你们都是有礼貌的孩子，那我们先一起来读一读这一段吧。

……

读的真好！

我们来看看这个燕字，这是它的演变过程，这是燕子的头，这是它的翅膀，下面是它的尾巴，像这种根据事物的形状特征造的字我们把它叫作象形字，一起读两遍。

我们再学"干"字。干，是一个多音字，在文中读干，树干的干。还有一个音读干，晒干的干，你们看这个"汗"字，把汗水擦掉你的额头就干了。

啄木鸟扇扇翅膀飞走了，小青蛙跳来了，它也帮不上忙。现在一、二组当棉花姑娘，三、四组当啄木鸟，老师读旁白。准备好了吗？

燕子、青蛙、啄木鸟最后都走了，是因为燕子只会＿＿＿＿＿＿＿啄木鸟只会＿＿＿＿＿＿＿青蛙只会＿＿＿＿＿＿＿。

（4）练习说话：＿＿＿＿＿＿＿只会＿＿＿＿＿＿＿。

（三）拓展课文

其实自然界还有很多益鸟益虫。例如，这个是猫头鹰，它只会捉田鼠；这个是壁虎，它只会捉蚊蝇；这个是蜻蜓，它只会捉小飞虫；这个是灰喜鹊，它只会捉松毛虫。棉花姑娘继续请求谁来帮忙，谁来说一说？

学生表演小短剧：

哎！找了这么多，也没有谁能帮助棉花姑娘，忽然它出现了！一只、两只、三只，又来一只，一群圆圆的小虫子飞来了，很快就把蚜虫吃光了。

棉花姑娘惊奇地问：＿＿＿＿＿＿＿小虫子们说：＿＿＿＿＿＿＿。

可爱的七星瓢虫治好了棉花姑娘的病。

学生齐读最后一个自然段。

（四）回顾课文

小诗一首，回顾课文，检测识字。

棉花姑娘生病啦，可恶蚜虫满身咬。燕子青蛙啄木鸟，空中树干田里找。

小小瓢虫来治病，七颗星星闪闪耀。小动物们都惊奇，碧绿叶子吐笑脸！

（五）指导写字

教师指导学生写"医"字。

四、教学反思

（一）教学中的优点

（1）首先我进行了充分准备。我为孩子们准备了头饰、挂图、录音等教具，对于激起孩子的学习兴趣，调动学生对学习的用心方面有良好的作用。

（2）在教学生字时，我做到详略得当，指导细致到位。随文识字，这样既节约了时间，又能够让孩子们在情境中识字。

（3）在提问题时，我以一个大问题带动全文的学习，而不是把文本肢解成一个个小问题去浪费学生的时间。孩子们在一条贯穿始终的线索的引导下学习，取得了事半功倍的效果。

（二）改善方法

在教学中我总是觉得对孩子的开放度还不够，在学生不能够准确回答问题的时候，我经常是急于去引导甚至包办代替，没有给孩子思考的机会和时间。语文课堂教学不应是"灌输式"教学，而是开放式的、不断生成的、充满活力的教学方式。教师在教学过程中应努力挖掘教材中的创新点，善于抓住时机地培养学生的创新潜力。

当孩子不能很好体会课文的意思时，我们应给孩子读的机会，请他反复地读，读出自己的情感。这样孩子在读的过程中就会构成自己的体会，而不是学说老师的体会。用读来代替讲，这是我教学中最需要改善的地方。

数学学科教学改革

课题研究资料

学数学·做数学·玩数学
——构建智趣交融的数学特色活动方案

于成兵

"基于课程目标的小学数学'智趣教学'的研究与实践"经东莞市教育局批准，被确定为东莞市普教系统"十二五"教育科学研究立项课题。2018年5月，该课题转入东莞松山湖实验小学。秉持学校"为学生终身发展负责"的教育理念，基于课题研究经验，结合松山湖实验小学建校以来数学教育教学取得的成果，数学科组提出构建智趣交融的数学特色活动，既丰富校园数学文化，也为进一步探索数学校本课程开发积累经验。

一、核心概念

（一）课程目标

《义务教育数学课程标准（2011年版）》把课程目标分为总目标和学段目标，对课程目标从知识技能、数学思考、问题解决、情感态度四个方面加以阐述。小学数学智趣教学的研究与实践正是基于课程标准中的四维目标开展的教学研究。

（二）智趣教学

智趣教学是通过智慧的、灵活的、有趣的教学策略和手段高效实现课堂教学目标的一种教学主张，其目的是追求高效学习，其组织形式充满智慧和趣味。智趣教学既是一种教学策略，也蕴含了某种意义上的教学目标。从教学目标来说，所谓智，直接指向《义务教育数学课程标准（2011年版）》中的知识与技能、数学思考、问题解决三维目标；所谓趣，直接指向情感、态度与价值观。从教学手段和教学策略来说，智趣教学是通过运用灵活的、趣味性强的教学方式，激发学生的学习兴趣，让学生主动参与数学建构活动。

（三）智趣数学

以《义务教育数学课程标准（2011年版）》为指导，以现行人教版数学教材为本，适当拓展、增设富有思维含量的、有趣的、具有现实意义的数学学习内容，以智趣教学为路径开展的数学学习活动，即智趣数学。智趣数学旨在提高学生学习数学的兴趣，增强学生学好数学的信心，引发学生的数学思考，让学生了解数学的价值，发展学生的创造意识，使小学数学的课堂教学既充满知识的智慧，又充满快乐与趣味。

二、活动背景和意义

（一）缘起

在日常教学工作中，我们总会发现这样一种现象：学生明明已经拥有解决问题的知识，但在面对问题时，却不能调动这些知识和方法来解决问题。比如：已知等腰直角三角形斜边长为8cm，求等腰直角三角形的面积。根据课堂教学观察，学生自主解决此问题非常困难。其实，学生完全可以利用剪拼折等多种方法进行解答。再如，在课堂教学中，学生写出了" $\frac{3}{5} \div 2 = \frac{3 \div 2}{5}$ "，面对此情景，学生坚决认为此题不可继续计算。事实上，学生可以利用分数的基本性质进行计算，得出结果。对于很多在学生眼里不可解的问题，学生其实是拥有知识基础和解答方法的。问题出在哪儿？根据课堂观察和调查分析发现，问题仍然出现在课堂教学的"教"与"学"两个方面。解决这项问题仍然需要从"学"和"教"两个基本途径出发。研究课程和研究教学策略成了我们的共识。有鉴于此，学校数学科组全体教师参与行动，认真研读教材，研究课堂教学，逐步开发出了一系列智趣数学课程。

1. 课堂教学改革的需要

课题研究为教师的教学实践与创新指明目标和方向。《义务教育数学课程标准（2011年版）》在第二部分课程目标中明确提出，通过义务教育阶段的数学学习，学生能获得适应社会生活和进一步发展所必需的数学的基础知识、基本技能、基本思想、基本活动经验；体会数学知识之间、数学与其他学科之间、数学与生活之间的联系，运用数学的思维方式进行思考，增强发现和提出问题的能力、分析和解决问题的能力；了解数学的价值，提高学习数学的兴趣，增强学好数学的信心，养成良好的学习习惯，具有初步的创新意识和科学态度。因此，在数学课堂教学中如何激发学生学习兴趣，引发学生的数学思考，了解与体会数学的价值，发展学生的创造意识，真正落实《义务教育数学课程标准（2011年版）》规定的课程目标，离不开一线教师的积极探索和课堂实践。

2. 发展学生分析解决问题的能力与创新意识的需要

数学思维是解决数学问题的心智活动。学生面对问题束手无策，是数学思维能力较弱的表现。研究发现，学生不能解决问题并不是缺乏解决问题所需要的知识，主要是缺乏解决问题的策略和转化问题的方法，不能在问题和已有知识之间实现有效链接。因此，加强数学思想方法的研究与教学运用，创新教学策略并加强教学策略实效性的研究，通过实施数学智趣教学发展学生运用联系的运动的发展的观点看问题的意识、发展学生数学的思考能力、发展学生的智力，不仅可行而且必要。

3. 探索高效课堂教学的策略与路径

高效课堂的数学教学，应当是学生生动活泼、主动地和富有个性地学习与发展过程。在学习方式发生巨大变化的当下，探究式学习、情境教学、微课、慕课已经是老师们常用的教学模式。但是，我们仍然要明确，课堂仍然是"教"与"学"的主阵地，教师的"教"和学生的"学"依然是最为重要的教学活动。智趣教学主张有效结合"追求知识本质的学习"和"愉快学习"的理念，整合探究式学习、情境教学、微课资源、慕课手段，形成合力，以激发学生学习兴趣，教会学生数学的思考、分析和解决问题，实现课程目标促进"学生的全面、持续、和谐发展"。

（二）意义及价值

1. 理论性价值——为落实新课改课程目标的理念提供新的视角

《义务教育数学课程标准（2011年版）》明确了从四个方面（知识技能、数学思考、问题解决、情感态度）所论述的数学学习的总目标。总目标的这四个方面，本质上是一个密切联系、相互交融的有机整体。教师在课程设计和教学活动组织中，应同时兼顾这四个方面的目标。智趣教学强调"智""趣"结合。所谓趣，就是关注学生的学习情感态度。所谓智，就是关注学生的知识技能、数学思考、问题解决，明确指向智力水平的发展。智趣教学既对教学策略及教学内容提出了明确要求，也对教学目标提出了明确的定位，是落实新课改课程目标理念的新的视角。

2. 实践性价值——为高效学习的实现提供策略指导

智趣教学强调学习的资源是富有思维含量的，强调教学的策略是灵活多变、富有实效的，强调"教"和"学"应该是有趣的过程。这一切，要求教师在进行课堂教学设计与组织实施过程时，必须研究教材、研究教学资源、研究学生、研究教学法；同时，对教师提出了开发智趣拓展课程的要求，改变教师的课程观、学生观、人才观。智趣教学作为策略和媒介，目的仍然是实现高效课堂。

3. 示范性价值——为提高数学学科课堂教学实效性提供案例示范

一是行为示范，参与课例研究的教师本身就是一种行为示范，教师在实践中逐渐形成研究意识，采取科学的教学策略，提高课堂教学效率；二是案例示范，本研究将通过案例展示小学数学教师如何实施智趣教学，其中所遇到的困境和历程，所得到的感悟与所得，都将通过案例的方式给同行以启发。智趣教学是一个具有推广价值的主张，其研究成果也可为其他学科或其他学段所借鉴。

4. 创新性价值——对现行教学理论的有益补充和拓展

教学研究永无止境，教学技术和手段的更新也日新月异。从启发式教学、情境教学深入人心，到微课、慕课的学习方式发生改变，对教学理论和教学理念的研究更是如火如荼。智趣教学作为一种新的教学主张，在教学策略、教学手段、教学组织形式等方面展开研究，强调情感激励，强调智趣交融，是对现行教学理论的有益补充和拓展，具有一定的创新价值。

5. 经验性价值——为校本课程开发积累经验

智趣数学特色活动的开展，深受小学生的喜爱。智趣教学通过长期地实践、研究、改良和完善，为数学校本课程开发积累了丰富的资源和实战经验，具有先导性、经验性价值。

三、活动序列，见表1

表1

年级	特色活动
一年级	图形世界
二年级	数独
三年级	认识历法
四年级	算24点
五年级	制作数学思维导图
六年级	调查报告
一～六年级	速算王

📖 学科活动建设方案

学科活动建设
——速算王

一、活动目的

每月一次"速算王"计算竞赛，旨在培养学生速算技能，提高计算意识，夯实计算基础，进一步为拓展学科课程积累资源和经验。

二、承办单位

数学大科组。

三、活动时间

每月一次。

四、活动形式

纸质试题竞赛。

五、活动要求

（1）备课组组长负责制卷，严格把关教学进度。

（2）10分钟，80道题量，难易适中，有针对性。

（3）在每次竞赛期间，专任教师负责巡考，拍照上传照片。

（4）每次竞赛，80道题目全对者获得速算王表彰。

六、活动安排，见表2

表2

竞赛场次	时间	数量		奖品	备注
速算王1	第5周	一年级： 三年级： 五年级：	二年级： 四年级： 六年级：	橡皮	无
速算王2	第10周	一年级： 三年级： 五年级：	二年级： 四年级： 六年级：	铅笔	无
速算王3	第15周	一年级： 三年级： 五年级：	二年级： 四年级： 六年级：	笔记本	无
速算王4	第20周	一年级： 三年级： 五年级：	二年级： 四年级： 六年级：	笑脸印张	无

七、其他事项

资料收集：韩雪

学科活动建设
——图形找不同

一、指导思想

为提高学生学习数学的积极性，激发学生学习数学的兴趣，提高学生的数学素养，发展学生的个性特长和竞争意识，本学期一年级数学教研组拟定在第15周、第16周举行图形找不同的竞赛活动。

二、竞赛内容

图形找不同——火眼金睛我最行。

三、竞赛目的

（1）通过玩图形找不同游戏，提高学生的观察力，增强学生的方位意识，让学生体验思考的快乐。

（2）通过此次竞赛，为学校的数学活动课程设置提供一些思考的依据。

四、参赛对象

一年级全体学生。

五、竞赛时间和地点

（1）时间：每年12月。

（2）地点：教室。

六、竞赛形式和标准

（1）形式：初赛——先各班在第16周由数学教师组织班级赛，选出5名优胜者；决赛——在第17周各班优胜者进行决赛。

（2）标准：按学生完成游戏的时间长短取名次。

七、奖项设置

一等奖：10人。

二等奖：20人。

三等奖：20人。

学科活动建设
——平面图形创意画

一、活动目的

为了丰富学生的课余生活，培养学生学习数学的兴趣，让学生学会用数学的眼光观察生活，同时培养学生的动手能力和创造力，开展一年级数学"平面图形创意画"活动。

二、承办年级

一年级备课组。

三、活动时间

（1）活动筹备阶段：第2周～第5周。

（2）活动评奖展示时间：下学期第6周的周四。

（3）活动场地：新校区架空层。

四、活动安排，见表3

表3

时间	流程	具体工作内容	负责人
第2周	启动	制订方案	黄淮
第2周	准备	购买物品、动员学生积极参与活动	各班教师
第3周	指导	创意画的艺术指导	数学、美术教师
第4周	创作	学生创作	各班学生和教师
第4周	选拔	平面图形创意画作品选拔	各班教师
第5周	筹备展览	平面图形创意画展览场地准备	丽婷、学彪
		优秀作品、展板标题和装饰	美术老师，各班教师
第6周	评奖展览	作品展出	全体教师

五、其他事宜

（1）评奖：设一等奖30人，二等奖50人，三等奖80人。

（2）活动拍照、微信报道：谢可忠、周东威。

（3）资料整理：黄淮。

学科活动建设
——数独（四宫）

一、指导思想

为提高学生学习数学的积极性，激发学生学习数学的兴趣，提高学生的数学素养，发展学生的个性特长，我校开展数独竞赛活动。

二、活动内容

解密数独——我是推理高手。

三、活动目标

通过数独竞赛活动，培养学生的观察能力、分析能力和逻辑推理能力，体验思考的快乐。

培养学生勇于克服困难的精神和严谨认真的学习态度和竞赛意识。

四、活动对象

二年级全体学生。

五、活动方式

1. 每日闯关练习

按照由易到难的顺序，教师准备40道数独题（其中四宫数独25题，六宫数独15题）。第16周教师统计学生成功闯关数进行评分。

10分：36~40关。

9分：31~35关。

8分：26~30关。

7分：21~25关。

6分：16~25关。

5分：15关及以下。

2. 期末测试

上学期第17周学生全员参加测试，限时10分钟，提供高、中、低难度的数独游戏各一题，学生可任选一题完成。完成高难度的，得10分，完成中等难度的得9分，完成低难度的得8分。

3. 高手对决

按照闯关练习和期末测试总分排名顺序，每班选5名学生参加数独竞赛。教师提供高难度的题，计时完成。答案正确并用时最短者获胜。

奖项设置见表4。

表4

获奖等级	一等奖	二等奖	三等奖
获奖人数所占比例	20%	30%	50%

学科活动建设
——数独（六宫）

一、指导思想

为提高学生学习数学的积极性，激发学生学习数学的兴趣，提高学生的数学素养，发展学生的个性特长，我校开展数独竞赛活动。

二、活动内容

解密数独——我是推理高手。

三、活动目标

通过数独竞赛活动，培养学生的观察能力、分析能力和逻辑推理能力，体验思考的快乐。

培养学生勇于克服困难的精神和严谨认真的学习态度和竞赛意识。

四、活动对象

二年级全体学生。

五、活动方式

1. 每日闯关练习

按照由易到难的顺序，教师准备40道数独题。（其中六宫数独35题，九宫数独5题）。第16周教师统计学生成功闯关数，进行评分。

10分：36～40关。

9分：31～35关。

8分：26～30关。

7分：21～25关。

6分：16～25关。

5分：15关及以下。

2. 期末测试

下学期第17周学生全员参加测试，限时10分钟，提供高、中、低难度的数独游戏各一题，学生可任选一题完成。完成高难度的，得10分，完成中等难度的得9分，完成低难度的得8分。

3. 高手对决

按照闯关练习和期末测试总分排名顺序，每班选5名学生参加数独竞赛。教师提供高难度的题，计时完成。答案正确并用时最短者获胜。

奖项设置见表5。

表5

获奖等级	一等奖	二等奖	三等奖
获奖人数所占比例	20%	30%	50%

学科活动建设
——制作活动日历

一、指导思想

学生通过制作活动日历，培养学习数学的兴趣、动手能力、创造能力和审美能力，提升数学素养。

二、活动内容

制作活动日历。

三、活动目标

（1）通过制作日历活动，体验日历在生活中的作用，激发学生学数学、用数学的兴趣。

（2）通过活动培养学生的动手能力、勇于克服困难的精神和竞赛意识。

四、活动对象

三年级全体学生。

五、活动方式

（1）学生用A4纸制作日历。

（2）期末测试。第17周全体学生上交作品参加评选，作品荣获一等奖得10分，作品荣获二等奖得9分，作品荣获三等奖得8分。

奖项设置见表6。

表6

获奖等级	一等奖	二等奖	三等奖
获奖人数所占比例	20%	30%	50%

学科活动建设
——制作活动年历

一、指导思想

学生通过制作活动年历，培养学习数学的兴趣、动手能力、创造能力和审美能力，提升数学素养。

二、活动内容

制作活动年历海报

三、活动目标

（1）通过制作年历活动，体验年历在生活中的作用，激发学生学数学、用数学的兴趣。

（2）通过活动培养学生的动手能力、勇于克服困难的精神和竞赛意识。

四、活动对象

三年级全体学生。

五、活动方式

（1）学生用A4纸制作年历。

（2）期末测试。第17周全体学生上交作品参加评选，作品荣获一等奖得10分，作品荣获二等奖得9分，作品荣获三等奖得8分。

奖项设置见表7。

表7

获奖等级	一等奖	二等奖	三等奖
获奖人数所占比例	20%	30%	50%

学科活动建设
——算24点

一、指导思想

为了训练学生的数感，提高学生的计算能力与学习数学兴趣，我校特开展算24点活动。

二、竞赛内容

算24点。

三、竞赛目的

提高学生算24点的兴趣与水平，提高计算水平。

四、参赛对象

四年级全体学生。

五、活动时间、地点

筹备阶段：3～5月份。

竞赛时间：6月中旬。

竞赛场地：待定。

六、活动要求

学生用平板电脑软件操作。

七、人员安排

四年级全体数学教师。

八、决赛形式和标准

1. 形式

（1）初赛，各班教师先在每班评选出15名优秀学生进入决赛。

（2）决赛，初赛获胜学生再比拼。

2. 标准

按相同时间得分高低评选名次。

九、奖项设置

一等奖：决赛人数的20%。

二等奖：决赛人数的30%。

三等奖：决赛人数的50%。

十、活动安排见表8

表8

赛别	评委	统计	总负责
初赛	年级数学教师	年级数学教师	年级数学备课组长
决赛			

以奖状形式对获胜学生进行表彰。

十一、获奖名单（表格样式见表9）

表9

班级	学生姓名	获奖等级	指导教师

学科活动建设
——思维导图竞赛方案

一、指导思想

思维导图顺应了大脑的自然思维模式，以直观形象的方法让各种观点自然地在图上表达出来，使人的思维可视化，是一种帮助思考和解决问题的有效的工具。思维导图是应用于记忆、学习、思考等的思维"地图"，有利于人脑的扩散思维的展开。为了让学生把所学知识进行有序地整理，使其系统化，连成片，结成网，以便学生理解、记忆和应用，我校特举办此次活动。

二、竞赛内容

思维导图赛。

三、竞赛目的

为了让学生把所学知识进行有序地整理，使其系统化，连成片，结成网，以便学生理解、记忆和应用。

四、参赛对象

五年级全体学生。

五、活动时间、地点

筹备阶段：3~5月份。
展示时间：6月中旬。

六、活动要求

学生用A3绘画纸绘制思维导图。

七、人员安排

五年级全体数学教师。

八、竞赛形式和标准

1. 形式

（1）初赛，各班教师先在每班评选出15个优秀作品进入决赛。

（2）决赛，从优秀作品中再次选评。

2. 标准

按学生完成思维导图的情况评先名次。

九、奖项设置

一等奖：决赛人数的20%。

二等奖：决赛人数的30%。

三等奖：决赛人数的50%。

十、活动安排，见表10

表10

赛别	评委	统计	总负责
初赛	年级数学教师	年级数学教师	年级数学备课组长
决赛			

以奖状形式对获胜学生进行表彰。

十一、获奖名单（表格样式见表11）

表11

班级	学生姓名	获奖等级	指导教师

学科活动建设
——调查报告

一、指导思想

为提高学生学习数学的积极性，激发学生学习数学的兴趣，提高学生的数学素养，发展学生的个性特长，我校特开展数学综合实践活动。

二、活动内容

调查报告。

三、活动目标

（1）通过调查报告评选活动，培养学生收集整理数据、分析问题、动手操作的能力，发展数据分析观念。

（2）培养学生客观严谨的学习态度和与人沟通交流的能力。

四、活动对象

六年级全体学生。

五、活动安排，见表12

表12

时间	流程	具体工作内容	负责人
第2周	启动	复习统计与概率的相关知识，动员学生积极参与活动	各班教师
第3周	指导	指导学生选题以及确定数据收集方案	各班教师
第4周	方案审核	审核学生的选题和数据收集方案	各班教师
第5～6周	收集数据	学生根据自己既定方案收集所需要的数据	各班学生
第7～8周	整理和分析数据	学生整理数据，制成统计图表，并对数据进行分析，制作调查报告	各班学生

续 表

时间	流程	具体工作内容	负责人
第9周	作品初选	学生上交调查报告，教师根据标准评定等级，选拔优秀作品	各班教师
第10周	筹备展览	调查报告展览场地准备	各班教师
		优秀作品、展板标题和装饰	
第11周	评奖展览	作品展出	各班教师

六、评价标准

A等：数据分析准确、图表制作规范、观点论述清晰、报告设计美观。

B等：数据分析准确、图表制作规范、观点论述清晰。

C等：数据分析准确、图表制作规范。

七、奖项设置

各班评定的A等作品参加评奖并展出，见表13。

表13

获奖等级	一等奖	二等奖	三等奖
获奖人数所占比例	20%	30%	50%

学科活动建设成果

速算王活动建设成果

一、"速算王"活动

速算王每月一次，三月份各年级已进行了第一次速算王竞赛，评选出了第一批速算大王。学校为速算大王颁发奖状，进行了表扬。通过此次活动，学生计算的速度和准确率都逐步提高。

速算王竞赛现场见图1。

图1

说明：以上图片为松山湖实验小学学生在教室参加学科竞赛（速算王比赛），现场照片均由各备课组长拍摄。

二、"平面图形创意画"活动

一年级数学组经过一个多月的筹备，在第6周举行了一年级平面图形创意画优秀作品展，见图2。学生的作品形式丰富，用数学图形创作出风格各异的作品，展示了数学特有的美，学生体会到了学习数学的无穷乐趣。

图2

《分数的初步认识》教学设计

设计者：罗芸
学　校：东莞松山湖实验小学
教　材：人教版小学数学三年级上册
课　型：概念教学
时　间：40分钟

一、教学内容分析

本节内容选自人教版义务教育教科书《数学》三年级上册第8单元《分数的初步认识》。从整数到分数是数概念的一次扩展，无论在意义还是在读写及计算方法上，分数与整数都有很大的差异。相对于整数而言，分数概念较为抽象，而且有多种理解方式。人教版《数学》三年级上册主要是借助操作、直观，从"部分—整体"的角度初步认识分数，结合生活实例和具体操作，帮助学生感受和直观认识分数的含义，帮助学生初步建立分数的概念，为进一步学习分数和小数奠定基础。

二、学情分析

分数和小数在日常生活中应用广泛。三年级小学生在日常生活中也经常会遇到需要用分数或小数进行表达交流并解决实际问题的情况。但学生实际上对于分数的认识是朦胧的，就算有了解也是"知其然不知其所以然"。因为从整数到分数，学生的数学学习将要建立一个新的数概念，是对数的认识的一次质的飞跃，所以学生学习分数的知识是具有一定难度的。

三、教学目标

（1）结合具体情境与直观操作，初步理解分数的意义，体会学习分数的必要性。

（2）会用折纸、涂色等方法表示简单的分数，会正确读、写分数。

（3）在小组活动中，培养合作意识，数学思考与语言表达能力；在动手操作、观察、比较中，培养勇于探索与自主学习的精神，初步渗透或感悟数系扩张、数形结合、模型、比较、类比推理、极限、分类等数学思想。

四、教学重难点

初步理解分数的意义，初步渗透和感悟一些数学思想。

五、教具、学具准备

多媒体课件及不同的图形。

六、教学评价

在本节课中，笔者根据三年级小学生的年龄、心理及个性特点，采取了多样的评价手段和方法，如表扬性评价、激励性评价及小组互评等方式。

七、教学过程

（一）创设情境

师：老师带来了几个数，如果你们认识的话请大声读出来。7、38、2、1、$\frac{1}{2}$。部分同学有困难了，谁会读？你来、你来。一起读。大家伸出小手指和老师一起来写一遍。先写一根短横线，再在横线下面写2，最后写横线上的1。看来大家对这个数还不太熟悉，那我们这节课就一起来认识分数（板书课题）。

一起读一遍。$\frac{1}{2}$是个什么数？

师：看到老师这样写的课题，你有什么话想说？

预设：为什么"分"用红颜色写，其他的字是白颜色的？

师：大家是不是都有这个疑问？你们真了不起，要知道在学习过程中往往提出一个问题比解决一个问题更重要。其实分数就起源于分。那这节课我们就从分东西开始，请看大屏幕：有4个苹果，如果分成2份，你会怎么分？还有不同的分法吗？哪种分法最公平？像这样每人分得同样多，在数学中我们把它叫作平均分。（板书）如果有2个月饼，平均分成2份，每份是几个？

【**设计意图**】由整数引入分数，让学生直接掌握分数写法，同时揭示课题，强调分数起源于"分"，让学生理解平均分。

（二）建立模型

1. 建立"一半"模型

师：这有一张圆形纸，我来把它平均分成两份（随意撕开），你想说什么？请你来把这张圆形纸平均分成两份，你是怎样平均分成两份的？这两份大小一样吗？为了研究方便，我们用斜线画出其中一份，画线部分是一整个圆吗？没划线的部分是一整个圆吗？那分别是这个圆的多少？（一半）

2. 建立"$\frac{1}{2}$"模型

师：这个一半不够一个圆了，那还能用我们以前学过的整数1、2、3……来表示吗？看来以前学过的数不够用了。谁知道该用一个什么数来表示？

（三）理解意义

1. 教学$\frac{1}{2}$的意义

师：我们一起回忆一遍，刚才我们是把这个圆平均分成了几份？这一半正好是这两份中的几份？（边说边书写分数线、分母 2 、分子 1）把这个圆平均分成了2份，这1份我们也可以说是这个圆的$\frac{1}{2}$。在图上找找看，这个2表示什么意思？（板书）1呢？$\frac{1}{2}$是怎么分出来的？谁来完整地说一说。这一份是这个圆片的$\frac{1}{2}$，那这一半也是其中的一份，可不可以也用$\frac{1}{2}$来表示？看来只要是把一个圆平均分成2份，每份都是这个圆的$\frac{1}{2}$。（板书）先和同桌同学说一遍，大家再一起来轻声说一遍，能不能大声地说一遍。

师：刚才我们是把一个圆平均分成2份，每份是这个圆的$\frac{1}{2}$，大家想想看，生活中我们还可以把一个（　　　）平均分成2份，每份是这个（　　　）分之一？

（课件出示这句话）先同桌互相说，再选学生说。

2. 涂 $\frac{1}{2}$，进一步理解 $\frac{1}{2}$

师：在你们的桌面有不同形状的纸，你能选取其中一张，先通过折一折再像老师一样用斜线划一划，找出它的 $\frac{1}{2}$ 吗？请每个同学选出一张纸，开始吧。（教师选取一些作品进行展示。A.涂法不同，凭什么说涂色部分都是正方形纸的 $\frac{1}{2}$ 呢？B.这些图形形状不同，大小也不同，为什么涂色部分都是它的 $\frac{1}{2}$ 呢？C.这个 $\frac{1}{2}$ 能不能说是圆的 $\frac{1}{2}$？这个能不能说是长方形的 $\frac{1}{2}$？看来我们是把谁平均分成2份，就是谁的 $\frac{1}{2}$。）

3. 类比推理到几分之一

师：老师这也有一张正方形的纸，请大家看清楚，现在老师把这张正方形纸平均分成了几份？涂色部分是这张正方形纸的几分之一？

师：课上到这，我们再回过头来看看，刚才我们把一个圆平均分成2份，每份是这个圆的 $\frac{1}{2}$；把一个正方形平均分成3份，每份是这个正方形的 $\frac{1}{3}$。那同学们大胆猜想一下，我们是不是还可以把一个（   ）平均分成（   ）份，每份是这个（   ）的（   ）分之一。先安静地在头脑中想象一下。想好了吗？谁可以先来说？谁再来说？大家想想一直这么说下去，能说得完吗？看来分数的个数是无限的。那同学们想不想自己也像刚才那样动手折一折，然后用斜线表示出一个分数？从桌面拿一张还没动过的纸，开始吧！完成的同学请和同桌互相说说你们是怎样得到这个分数的。

你得到的是哪个分数？能说说是怎样得到的吗？也得到（   ）分之一的请把你的作品举起来。还有没有不一样的？

你能用分数表示下面每个图里的涂色部分吗？打开课本第93页，完成做一做的第1题。

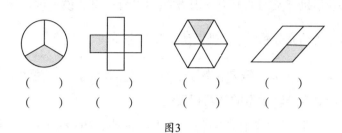

图3

【设计意图】学生通过看一看、说一说、读一读、折一折、辨一辨等活动，充分感知"二分之一"的意义，初步建立"二分之一"的模型，从而为进一步学习其他分数做好充分地铺垫。

（四）联系生活

课上到这，老师嗓子有点哑了，能允许我喝口水吗？谢谢你们那么体谅老师。谁来估一估，我喝了这瓶水的几分之一？

看来我们只要做个有心人，在生活中就能随时发现分数。

下面的画面让你联想到了哪个分数？

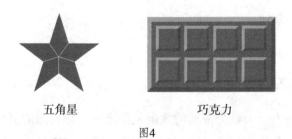

五角星　　　　　　　巧克力

图4

【设计意图】最后通过观察生活中的分数，孩子们认识到数学与我们生活是密切相关的，要做个生活中的有心人，有着发现数学之美的眼睛。

八、教学反思

反思整个教学过程，笔者基本实施了原来的教学设计，并收到了预期的效果。

做得比较好的方面有：

（1）对教材的解读较好。本节课是小学阶段学习完整数后第一次学习分数，是一节必不可少的概念课，为学生以后学习的小数认识、性质及分数的意义等内容奠定基础。故本节课的教学要使学生能初步认识几分之一，而这个目的的达成必须借助于充分地操作，让学生通过看一看、说一说、读一读、折一折、辨一辨等活动充分感知$\frac{1}{2}$，进而认识几分之一。

（2）以学生为主体。笔者在教学过程中充分尊重学生，关注学生，并且通过多样的评价语言调动学生的学习积极性。

不足之处：时间观念有待加强；知识的延伸、拓展不够；小组合作有待加强。

《倍的认识》教学设计

设计者：黄淮

学　　校：东莞松山湖实验小学

教　　材：人教版小学数学三年级上册

课　　型：新授课

时　　间：40分钟

一、教学内容分析

倍数关系是生活中最为常见的数量关系之一。建立倍的概念，有助于学生进一步理解乘法和除法的含义，拓宽应用乘、除法运算解决实际问题的范围。第五单元主要让学生通过观察和操作，巩固对倍的含义的认识，以及对"求一个数是另一个数的几倍"的基本思考方法的理解。例题1是加强对"倍"的理解，这题的重点要放在"几个几"到"几倍"的推理上，用看到或摆出的"几个几"解释"几倍"。

二、学情分析

对本课学习的倍的认识，学生是在已经初步理解了乘法与除法的意义，能够计算两位数乘一位数以及表内除法的基础上进行的。通过学习，学生将建立倍的概念，进一步理解乘法和除法的含义，提高应用乘、除法运算解决实际问题的能力。

三、教学目标

（1）通过观察、比较、操作、交流使学生建立倍的概念，理解"倍"的含义。

（2）培养学生的观察、操作和有条理的语言表达能力。

（3）培养学生认真观察、善于思考、自主学习的良好学习习惯和学习数学知识的兴趣。

四、教学重难点

理解"倍"的概念。

五、教学过程

（一）个体自学

学生自学课本第50页，把自己认为重要的内容用线画出来，并作简单的批注。

（二）组内合学

交流例题：

学生在小组内交流个人的自学例题情况，和小组同学圈一圈，说一说。

红萝卜的根数与胡萝卜有怎样的关系？

图5

请你这样说一说：红萝卜有（　　　）个，为1份。

　　　　　　　　胡萝卜有（　　　）个（　　　），就是（　　　）份。

　　　　　　　　我们说胡萝卜是红萝卜的（　　　）倍。

白萝卜的根数与红萝卜有怎么样的关系？

图6

【设计意图】学生通过圈一圈、说一说等交流活动初步感知倍的含义，与"几个几""一份""几份"建立联系。

讨论发现：

判断以下说得对吗？你有什么发现？

图7

【设计意图】以不同数量的"2倍"让学生丰富对"2倍"的直观认识，让学生比较图的相同和不同。教师提问："这两幅图为什么都可以说摆在下面的水果是上面水果的2倍？"以此引导学生"舍弃各种不相干的因素"在变中抓不变，而这个"不变"正是两个数量之间的关系"2倍"，从而更深入地揭示了现象的本质，这个本质就是"倍"，使学生实现了一次对"倍"的认识的飞跃。

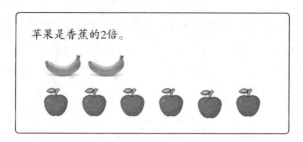

图8

【设计意图】学生在错误结构中认识倍。

思考：

苹果有几个？桃子是苹果的几倍？你有什么发现？

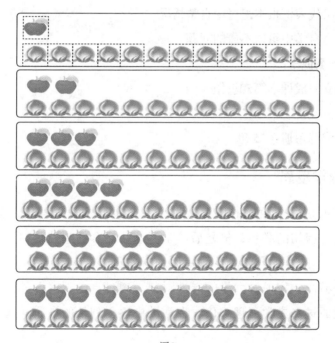

图9

【设计意图】在桃子个数不变，苹果个数发生变化的情况下，学生探究倍数关系变化的原因，感受比的标准的重要性，潜移默化中渗透了反比例的思想。

操作感悟：

画一画，⬤ 的个数是 ▲ 的3倍。

【设计意图】学生在动手操作中创造大量的"3"倍的直观图,并进行比较,从众多的事物中抽取出共同的、本质的特征,而舍弃其非本质的特征,实现从"3倍"到"多倍"的转化。

(三)班级展学

(1)小组代表汇报本组讨论自学情况。

(2)提出自学中组内不懂的问题。

(四)评测促学

(1)独立完成课本第50页做一做。

(2)组内互批。

(3)完成练习册第25页。

六、教学反思

倍的认识是一个抽象的概念,也是一个重要的概念。倍、分数、百分数、比之间有密切的联系,倍是后续学习这些概念的基础,如果学生对倍的理解不全面,不深刻,必将导致片面地理解即"见倍就乘"。学生要建立"倍"这一概念,应通过大量的感性材料,通过自己观察思考,动手操作、比较,以及通过自主学习理解倍,在活动中感受到倍的本质。这节课有以下几个特点。

(一)"四学五明"教学模式,注重让学生自主学习

本节课采用我校"四学五明"的教学模式,注重让学生从呆坐的学习走向活动性的学习,从习得、记忆、巩固的学习转向探究、反思、表达的学习。教师从传递、讲解、评价的教学转向出发、交流、分享的教学。本节课共分四个环节:①个体自学;②组内合学;③班级展学;④评测促学。第一部分是个体自学,明确问题。教师让孩子在课前自学课本,把重要的内容用线画出来,并作简单地批注。第二部分是组内合学。这部分有三个环节，首先学生根据导学案，在小组内交流个人的自学例题情况，对概念有初步了解；接着学生讨论关于倍这个概念的几道辨析题，达到对概念有深层次地理解；最后学生通过操作探索达到对概念的理解和升华。第三部分是班级展学。学生经过了前面的自学，在小组内解决了自学中的问题后，还没有从本质上抓住问题的特征，有必要进行巩固。这一部分由某一同学代表其小组向全班同学进行汇报学习成果，学生上讲台（可以是个人，也可以是全组同学）用"小老师"的角色，向全班同学讲解知识，回答同学的质疑，必要时也可以向教师申请帮助。教师也可以从中抓住普遍性的关键问题认真点拨，做最后的概括讲解，把新知纳入学生的知识系统。第四部分是评测促学。学生独立完成练习题，并通过同桌互批及时对错题进行讲评点拨，确保训练的有效性。

（二）在自主探索知识的同时，注意数学思想方法的渗透

数学思想方法是数学科实施素质教育的一项重要内容，它在培养学生数学思维能力，提高学生的数学素质方面具有极为重要的作用。教师教给学生思考方法、学习方法和解决问题的方法，为学生未来发展服务，让学生在脑海里留下数学意识，终身受用。

比较和抽象是两种重要的思维，也是两种重要的学习方式。在本课设计中，我把比较这一思维贯穿于全课。课的开始从"2倍"关系的两张数量不同的直观图，到让学生通过自己动手创建大量的"3倍"关系的图片，比较从相异点开始，然后过渡到相同点，目的在引导学生通过比较在不同事物背后隐藏的相同点，异中求同，揭开"倍"的本质。抽象是另一种重要的数学思维和学习数学的方式。"倍"是个抽象的概念，表明两类事物在量的比较中的一种关系，是看不见摸不着的。学生理解必须依靠感性材料，动手操作来抽象出概念的内涵。

在教学的同时，我注意进行数形结合思想的渗透，"倍"的概念的感知和理解都从图形入手，使抽出的概念直观化、形象化、简单化，都能反映出数形结合思想的渗透，让学生在潜移默化中感受到数学思想方法。

《认识面积》教学设计

设计者：黄建杏

学　校：东莞松山湖实验小学

教　材：人教版小学数学三年级下册

课　型：新授课

时　间：40分钟

一、教学内容分析

面积是人教版小学数学三年级下册的教学内容。面积属于空间与图形领域。本课是在学生学习了长方形、正方形的特征及其周长计算的基础上进行教学的。从学生的知识水平来看，这部分内容是从直线到平面，从长度到面积，由一维空间向二维空间转化的开始，知识跨度大、难度高。

二、学情分析

"面积"对于三年级的学生来说，是一个既陌生而又熟悉的内容。学生在三年级上册已学习了"周长"，对正方形、长方形的周长及其计算已经掌握。学生从学习长度到学习面积，是空间形式认识发展上的一次飞跃，学生理解概念有一定的难度。

三、教学目标

（1）结合实例使学生初步认识面积的含义，知道用正方形作面积单位最合适，能用正方形单位表征简单图形的面积。

（2）经历用不同图形作单位度量面积的过程，知道确定面积单位的方法，培养初步的度量认识。

（3）使学生体会统一面积单位的必要性，感受用正方形作面积单位的便捷与合理。

（4）在学习活动中，体会数学与生活的联系，锻炼数学思维能力，发展空间观念，激发学生进一步学习和探索的兴趣。

四、教学重难点

（1）教学重点：结合实例使学生初步认识面积的含义。

（2）教学难点：度量意识的培养。

五、教学准备

比赛用图、学具（方格纸、圆片、正方形、三角形、小印章等）、课件。

六、教学过程

（一）创设情境，引出新课

师：亲爱的孩子们，今天的数学课从《我是粉刷匠》这首歌开始，如果你们会唱，请大声跟着唱一唱。

师：这个小小的粉刷匠都刷了什么物体的面？

生：刷了墙壁的面和屋顶的面。

师：孩子们听得真仔细！今天的学习就跟这个面有关。

【设计意图】本节课从学生熟悉的歌曲《粉刷匠》开始，引导学生去发现生活中有很多物体都有面，感知面的存在。

（二）结合实例，认识面积

理解面积的概念。

（1）物体表面的面积。

师：请你看看，黄老师摸的是数学书的什么面？（封面）生活中的很多物体都有面。请你找一找身边的物品，摸一摸它们的表面，并和你的对子（即结对学习的对象）说一说，哪个面大，哪个面小？

生1：我摸的是平板电脑的面和桌子的面，桌子的面大。

生2：我摸的是数学书的封面和作业本的封面，数学书的封面大一些。

生3：我摸的是文具盒的这个面和尺子的表面，文具盒的面大。

师：原来物体的表面是有大小的，我们把物体表面的大小叫作面积。今天我们就一起来认识面积。

师：我们把手掌面的大小，叫作手掌面的面积。谁能像这样说一说，还能举别的例子吗？

生1：数学书封面的大小叫作数学书封面的面积。

生2：桌子面的大小叫作桌子面的面积。

师：说得真不错，你们不仅认识什么是面积，还会用面积来描述生活中的事物。

【设计意图】学生通过摸一摸、比一比，认识了物体的表面有大有小。教师结合实例，揭示面积概念，并通过边摸边说、边想边说等活动，用丰富的实例，帮助学生建立面积的概念。

（2）封闭图形的面积。

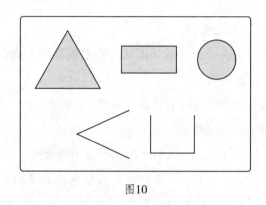

图10

师：你们认识这些图形吗，能确定它们面积的大小吗？请你与对子交流讨论。

生：第一行的图形，是封闭图形，能确定它的大小，第二行是不封闭图形，不能确定它的大小，它是开口的，不知它有多大。

师：在数学上，我们把封闭图形的大小叫作这个图形的面积。下面我们给这些图形的面积涂上颜色，好吗？你们说刷，我就给它上色，黄色部分就是三角形的面积，再来刷一下好吗？谁能说一说哪里是长方形的面积？你讲得真好，你让大家对面积有了更深刻地认识。

【设计意图】教师通过对子交流的方式，让孩子在封闭图形与不封闭图形的对比中，发现只有封闭图形才能确定面积的大小，并通过给封闭图形刷颜色的方式，加深孩子对图形面积的理解。

（三）探讨比较面积的方法，发展度量意识

1. 提出问题，引发思考

师：面积有大有小，有些图形的面积，一眼就看出来了。哪个图形的面积大？

生：圆形的面积大。

师：那这两个图形，谁的面积大呢？你们有办法吗？

生：我把这两个图形重叠在一起，就发现它们的面积一样大。

师：可以吗？这确实是个好办法。

教师为学生提供下面两个图形，让学生思考哪一个图形面积大。

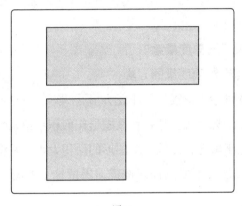

图11

2. 交流比较方法，引发认知冲突

师：那这两个图形的面积，谁大谁小呢？你们有办法吗？

生1：我觉得可以用重叠的方法来比较，再把多的部分剪下来，接着比较。

师：这是一种剪拼的方法，也能比较出面积的大小，这种方法在今后平面图形学习中用处可大了！

生2：量它们的边长，加起来就是它们的面积。

师：你们同意吗？

生齐：不同意，量出来的是它们的周长，不是面积。

生3：我量出它的长和宽，用长乘宽算出它们的面积。

师：你真了不起，知道怎样计算面积。这些知识我们会在后面陆续学到。看来用观察、重叠的方法，都不太容易一下子比较出这两个图形面积的大小，想一想还有没有其他的方法呢？

师：大家有点小困难，那么让我们一起听听小精灵的建议吧。（用课件呈现小精灵和提示）"可以选用一种图形作单位来测量。"请学生思考：你听懂小精灵的话了吗？

生：我是这样想的，我选一个小小的圆形，分别摆在这两个图形里，看哪个图形摆的小圆多，哪个图形的面积就大。

师：全部整整齐齐地摆上一个一个小小圆片，看哪个图形摆的小圆多，哪个图形的面积就大，是这个意思吗？

【设计意图】学生通过比一比的活动，进一步认识观察法和重叠法这两种比较方法，同时在比较中产生认知冲突，为接下来用度量的方法进行比较奠定基础。

3. 探讨度量单位，培养度量意识

（1）学生自主探究体验度量的方法。

师：老师通过附件给大家提供了小正方形、圆形、三角形作面积单位来量一量，请同学们先独立地想一想，选择什么图形作面积单位来量呢？选定一种图形后，通过拖动的方式来填充，比较两个图形的面积大小，并将比较的结果写在学习单上，注意，填完后，不要点任何按键，保留这个界面。准备好了吗？现在开始！

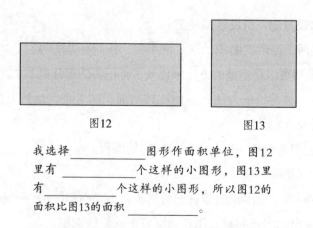

图12   图13

我选择_____图形作面积单位，图12
里有_____个这样的小图形，图13里
有_____个这样的小图形，所以图12的
面积比图13的面积_____。

合学：大部分同学已经完成了，请结合下面两个问题在小组内交流一下。

（2）学生合作讨论，感知正方形做面积单位的价值。

师：请以小组为单位讨论以下两个问题。

① 你选择了什么小图形作面积单位，你发现图1和图2哪个的面积大？

② 用哪种小图形作面积单位来量最合适？为什么？

师：请学生代表通过平板电脑展示和汇报他们探究的结果。

方法一：

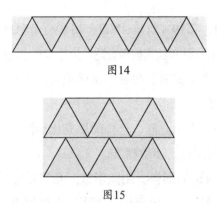

图14

图15

图14可以填9个三角形，图15可以填10个三角形，图15的面积比图14的面积大。

方法二：

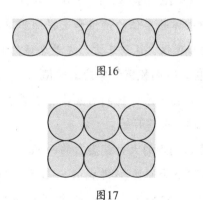

图16

图17

图16可以填5个圆，图17可以填6个圆，图17的面积比图16的面积大。

方法三：

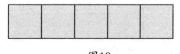

图18

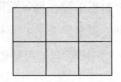

图19

图18可以填5个圆，图19可以填6个圆，图19的面积比图18的面积大。

师：用哪种小图形作面积单位来量最合适？为什么？你们经过讨论，有结果了吗？

生1：我是用正方形填充的，我觉得这样填充比用圆形更精确，因为用圆形填充有空白，不够精准。

生2：我觉得用正方形填充好，这样的填充比用圆形、三角形更精确，因为圆形和三角形填充都有空白，不够精准。

师：的确如你们讨论的那样，用圆形或三角形填充的时候，所有圆形或三角形的总面积并不是整个图形的面积。而用正方形填充的时候，所填充的正方形的面积总和就是整个图形的面积。所以用正方形填充更精确。看来大家都跟数学家想的一样，国际上就是规定用正方形作面积的单位。

【设计意图】学生以小组为单位，经历用不同图形作单位度量长方形面积的过程，在拼摆过程中，体验单位的价值和选择面积单位依据；通过比较，感受正方形作面积单位的合理性，认识正方形是最合适的面积单位。

（四）应用面积单位表征面积感受单位的价值

师：经过刚才的探究和讨论，我们对面积有了更多地认识。接下来，老师考考大家，做好准备了吗？抢答开始。

① 物体的表面或平面图形的大小就是它的面积。

② 甲长方形是由20个小正方形拼成的，乙长方形是由16个小正方形拼成的，所以甲长方形的面积一定大于乙长方形的面积。这句话对不对？为什么？

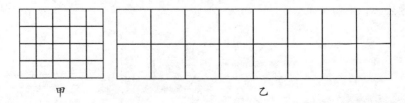

甲　　　　　　　　乙

图20

③ 做一做：利用数小正方形的方法比较下面两个图形的大小。

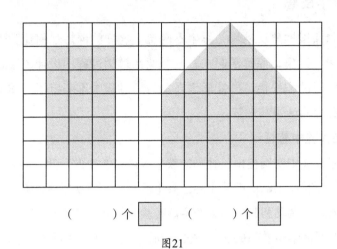

(　　)个 ▢ 　 (　　)个 ▢

图21

生1：我是直接数的，第一个图有15个正方形，第二个图有27个正方形。

生2：第二个图形把上面的三角形切成了两个完全一样的直角三角形，先拼成正方形，再数更简单。

师：接下来的这一段话，如果跟周长有关，用手指在空中画线的方式来表示，如果跟面积有关，用手掌张开摸的方式来表示。

（1）为了加固黑板，在周围加上铝合金。（与周长有关系）

（2）为了让黑板更干净，同学用抹布清洁了黑板的面。（与周长有关系）

（3）为了锻炼身体，黄老师在操场上跑了一圈。（与周长有关系）

（4）操场上的草坪，时间久了，已经破坏了很多，现在全部铺上新的草坪。（与周长有关系）

（五）回顾整理，展望新知

师：回顾一下本节课，通过今天的学习，你有什么收获吗？你还知道关于面积的哪些知识吗？

介绍：其实关于面积还有很多知识等着我们去研究。比如说，对于面积的度量，面积单位有平方厘米、平方分米、平方米等，这些都是我们今后要继续研究的问题。

七、教学反思

数学概念课很抽象、枯燥，学生不愿意上这样的课。如何让数学概念教学充满"数学味"，生动而鲜活起来？本节课在教学过程中设计了多个环节，意在调动学生学习的积极性，并让学生在参与的过程中不断感悟、体验，从而建构起对面积概念的认识和理解。

（一）在体验中感悟

数学课程标准中明确指出：教师的教学应该以学生的认知发展水平和已有经验为基础。教师需要正确认识学生的已有生活经验，应从学生已有的生活经验出发，这样才能有效调动和利用学生的生活经验，从而真正实现"以生为本"的教学理念。本节课从学生熟悉的一首歌曲《粉刷匠》开始，引导学生去发现生活中有很多物体都有面，并安排学生去摸一摸，说一说。学生摸的虽然都是物体的面，但是直观上不同物体的面是有大小之分的，学生在这样的活动中有了切身的体验和感悟。接着，经教师的"现场采访"，有效点拨，学生多了一些数学思考，对什么是面积也有了初步的感悟，同时获得了基本的数学活动经验。

（二）在感悟中建构

"面积"概念的建立不是对概念术语的记忆过程，更不是单纯的直观形象的积累过程，而是概念意义的建构过程。学生只有在亲历中反复体验和感悟，才能得到真正意义上的概念建构。课上，学生在比较物体面的大小的时候已经初步了解物体表面大小就是它的面积。接着，教师让学生边摸物体的面边来说一说，哪里是这个物体表面的面积。学生摸得并不是那么"完整"。教师此时并没有直接告知或做出评价，而是引导学生进一步完善，从而准确摸出物体表面的面积，理解面积的含义。当把一个具体的实物抽象成一个几何图形时，通过"你能找到下面图形的面积吗？"这个核心问题的探讨以及对封闭图形的面积刷颜色这个活动，学生对面积的概念已经十分清晰了。

（三）在建构中理解

学生对于面积这个概念的认识是一个渐进的过程，是一个不断完善与丰富的认知过程。从原来的认识周长到认识面积，学生的数学思维也正式从一维走向二维。在本课中，学生再建立面积的概念后，经历了比较面积大小的过程，学生在观察、重叠、测量以及数格子等数学活动中，对"面积"的概念研究不断深入，尤其在后面的练习中，通过利用数小正方形比较两个图形的大小，学生进一步理解了面积单位要统一才能进行比较，将两个小三角形合成一个正方形，就能数出图形中有多少正方形，并发现图形改变了它的形状，面积没有发生改变，理解了面积运动不变性这个特征。

在这节课上，学生在体验—感悟—建构—理解的过程中理解了面积这个概念，他们的数学能力和数学活动经验也得到了一定的发展。

《打电话》教学设计

设计者：于成兵

学　　校：东莞松山湖实验小学

教　　材：人教版小学数学五年级下册

课　　型：综合实践课

时　　间：40分钟

一、教学内容分析

本节课是人教版小学数学五年级下册"综合与实践"课时内容，是让学生进一步体会优化思想在生活中的应用。四年级上册《数学广角》中已经安排了有关优化思想的学习，通过沏茶、烙饼等日常生活中的简单事例，让学生尝试在解决问题的多种方案中寻找最优的方案，初步体会到优化思想。本册教材创设了"打电话"生活情境，组织学生通过方案设计、方案探究、发现规律、应用规律，进一步体会优化思想，培养学生运用数学知识解决实际问题的能力。

二、学情分析

学生在四年级上册《数学广角》单元的学习中，已初步体会到"把同一时间内能做的事情综合起来统筹安排，能节约时间"这一运筹思想，积累了一定的方案设计及流程设计的活动经验及相关技能。在生活中，学生对于"打电话"也非常熟悉，有较为丰富的传递信息的生活经验。

三、教学目标

（1）让学生尝试在解决问题的多种方案中寻找最优方案。

（2）使学生体验数学与生活的密切联系，在生活中应用优化思想解决问题。

（3）通过画图、列表格、操作等方式发现事物隐含的规律，培养学生归纳推理的逻辑思维能力和解决实际问题的能力。

四、教学重难点

重点：探讨最优方案。

难点：通过画图的方式发现事物隐含的规律。

五、教学资源

多媒体课件、学习单、平板电脑。

六、教学评价

在课堂中，教师采用共同体评价方式，把全班学生分成五个学习共同体，把学生在学习过程中的个人表现纳入共同体的评价当中，激发学生团队及集体的意识。

七、教学过程

（一）情境引入，揭示课题

1. 创设问题情境，明确学习要求

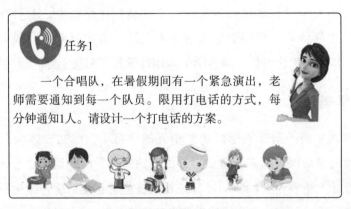

任务1

一个合唱队，在暑假期间有一个紧急演出，老师需要通知到每一个队员。限用打电话的方式，每分钟通知1人。请设计一个打电话的方案。

图22

2. 揭示课题：打电话

板书：设计方案—（解决）—生活问题。

【设计意图】创设问题情境，激活生活经验。聚焦学习任务，激发学习期待。

（二）分层探究，理解规律

1. 层次一，生成最优方案（"七人"问题情境）

（1）出示问题情境。

一个合唱队共有7人，在暑假期间有一个紧急演出，老师需要尽快通知到每一个队员。如果用打电话的方式，每分钟通知1人，请你设计一个打电话的方案，计算完成任务的时间。

（2）师生对话，明确活动要求。

教师：到底需要多长时间完成任务呢？请四人小组讨论，并绘制一个打电话的示意图，学习要求见图23。

四人小组学习要求：

（1）讨论制订打电话的方案，画出示意图；
（2）计算打电话的总时间，组织汇报语；
（3）组长拍照上传。

图23

（3）小组合作学习。

教师巡视，关注学生的想法。

（4）班级展学，理解省时方案。小组汇报方案。

板书：逐人通知、分组通知、分头通知。

对比方案，确定最优方案。（磁钉+画图）小结：每个人都不空闲最省时。

【设计意图】通过化繁为简，聚焦最优方案设计，突出优化思想。

2. 层次二，发现内在规律（"十五人"问题情境）

（1）出示问题情境。

一个合唱队共有15人，在暑假期间有一个紧急演出，老师需要尽快通知到每一个队员。如果用打电话的方式，每分钟通知1人，请你设计一个打电话的方

案，计算完成任务的时间。（动态呈现：15）

（2）利用平板电脑解决问题。

① 教师发送课件，介绍课件操作要领。

说明：课件上面每一个圆圈表示1个人，用手指触摸圆圈可以涂色，涂色表示该人接到通知。

② 学生操作课件，制订最优方案

③ 小组汇报展示方案

（3）搜集数据，研究规律。

① 提供表格，搜集数据，见表14。

表14

	1分钟	2分钟	3分钟	4分钟
一共获知消息的人数（包括老师）				
新获知消息的学生数				
一共获知消息的人数				

② 组内合学，探究规律。

③ 分析数据，发现规律。

a.利用数据生成条形统计图。

b.借助条形统计图表达规律。

c.总结规律。

【设计意图】巧用平板电脑功能，破除传统流程图散乱的顽症；数形结合，化隐性为直观，破除规律抽象繁难的桎梏。

（三）利用规律，解决生活问题

1.测评促学

（1）按照上面的方式，5分钟最多可以通知多少人？

（2）如果一个合唱团有50人，最少花多长时间就能通知到每个人？

2.拓展阅读：几何倍增学

（1）国际象棋发明人西萨·班·达依尔的故事。

（2）两种薪酬。

【设计意图】拓展延伸，增加知识广度，培养学习兴趣。

（四）回顾反思

师生谈话：学了这节课，给到你最大的启示是什么？

【设计意图】梳理学习轨迹，总结研究方法，内化认知，形成能力。

附：

学习题单1

一个合唱队共有7人，在暑假期间有一个紧急演出，老师需要通知到每一个队员。

限用打电话的方式，每分钟通知1人。

请四人小组交流，设计一个打电话的方案，画出打电话的示意图，并计算完成任务的时间。请组长拍照上传。

提示：可用符号画图表示。

答：我们完成打电话任务需要（　　　　）分钟。

八、教学反思

作为一节综合实践课，教学目标定位在哪儿？经过仔细研读教材，我以为，打电话情境的教学目的，主要是通过"方案设计与优化"与"规律发现与运用"，帮助学生进一步体会优化思想在生活中的运用，培养学生发现问题、提出问题、分析问题、解决问题的能力。经过教学实践，我认为以下几点值得反思总结。

（一）目标导向清晰、适度

课前，有老师提出，本节课的教学应充分鼓励学生进行方案设计，提倡方案多元化。诸如单独通知、分组通知（多种分组）、分别通知等情形，应由学生自主生成，充分讨论。特别是关于分组通知，要围绕"是否分的组越多，就越省时间"展开讨论和研究。也有老师提出，方案设计是重点，规律研究是难点，可以避重就轻，把重点放在前面设计方案和体会上。也有老师指出，

157

规律是数学的本质，理解了规律就更好地掌握了优化思想，可以把规律放在重要位置上。各种声音充斥，各种观点混淆，教学定位一度陷入两难境地。为此，课前我们进行了个别生约谈。我们分别选取了三位不同学力程度的同学，让其围绕"7人电话"问题情境进行方案设计。事实表明，两位同学能迅速构建最优方案，另一位同学能准确理解最优方案。对于最优方案背后的道理，学生们纷纷表示好奇。鉴于此，我们的教学目标定位明确为两点：①方案设计与优化；②探究最优方案背后的道理，并对教学环节提出了"简洁、聚焦、清晰"的操作要求。

（二）共同体合作，任务驱动的学习方式提升了学习的效率

本节课，在激发学生学习兴趣及提高学习效率方面，做得较为成功。课堂分为三个重要环节，每个环节目的明确，层次清晰，可操作性强。开课任务，即七人打电话的问题情境。本环节分为三个层次展开学习：第一，个体确定方案（画示意图）；第二，共同体内交流方案，并筛选最优方案（优化示意图）；第三，班级交流，明确最优方案（明确示意图）。本环节，目的明确，孩子们学习兴趣高涨，既有个体思考，又有智慧碰撞，并能迅速达成共识，理解并认同最优方案。接下来，十五人打电话的问题情境，把学习目的聚焦在"设计最优方案，发现内在规律"上。第一环节，学生已经理解了最优方案，有了画图设计方案的经验。基于此，借助平板电脑的操作功能，通过明晰时间轴进一步简化了方案设计过程中的操作难点，方案设计变得简便易行，学习的重点放在了规律的发现上。整个学习过程简洁、高效。

（三）利用可视化工具进行方案设计及规律表达，数学思考清晰可见

本节课，除了在方案设计上巧妙借助平板电脑的信息功能，让方案设计变得更直观、更清晰外，更是利用条形统计图直观呈现了规律的变化，让学生直观感知到数据倍增关系，发现规律变得"有目共睹"。本节课，学生能从复杂的问题情境中，迅速发现核心问题，并综合运用基础知识和基本技能展开分析，借助可视化工具表达思维，解决问题，积累了数学思考经验及解决问题的活动经验。

本节课的教学环节简洁，任务清晰，目标明确。在教学中，组织教学还可以进一步简化，在引导共同体学习方面，活动要求还可以更明确，学习效果会更好。

英语学科教学改革

英语学科教学改革内容及英语学科综合评价改革试点方略

一、低年级增设自然拼读分级课程

自然拼读法英文名称Phonics，它是以英语为母语国家的孩子学习英语读音与拼字的方法。该方法能够有效地增进阅读能力与理解力，更是以英语为第二语言的英语初学者学习发音规则与拼读技巧的学习方法。

小学英语教材应符合儿童的认知特点，有利于培养他们的学习兴趣与语感；要有利于学生了解英语国家的文化、习俗，培养他们对异国文化的正确态度；还应有利于培养学生用英语进行交流和做事情的能力，提高他们的思维能力和认识世界的能力。

我校自建校初期，英语科组的教师们便着手研究Phonics自然拼读法在校本课程中的应用。通过大量的资料学习与教学经验积累，Phonics自然拼读的校本课程逐步形成了。至今，通过几个阶段的发展、研究、实施，Phonics自然拼读已经实现完全校本化，作为我校英语课程系统的组成部分之一。

Phonics自然拼读法的教学主要经历了四个阶段，见表1。

表1

阶段	理论来源	学习素材	学习方式	学习对象	考核方式
第一阶段	Jolly Phonics	校本化Phonics拼读PPT课件	早读、晚读拼读训练	G3到G6年级学生	期末一对一考核

续 表

阶段	理论来源	学习素材	学习方式	学习对象	考核方式
第二阶段	Oxford Phonics	Oxford Phonics World动画flash有声文件	课前5分钟与家庭学习相结合	G1到G4年级学生	期末一对一考核
第三阶段	Oxford Phonics	Oxford Phonics World动画flash有声文件和Letter Stories绘本故事相结合	课堂20分钟教学	G1到G3年级学生	过程性考核与期末一对一考核相结合
第四阶段	Oxford Phonics	Oxford Phonics World动画flash有声文件和Letter Stories绘本故事相结合	课堂20分钟教学，构建家庭学习计划	G1到G3年级学生自主过关制度	个性化的过程性考核与期末一对一考核相结合，一、二年级拼读大赛

随着我们对 Phonics 自然拼读教学的不断研究，目前形成了学生自主过级的学习形式，具体分级见表2。

表2

年级	Phonics 级别
G1 上	Level A1
G1 上	Level A2
G1 下	Level B1
G1 下	Level B2
G2 上	Level C1
G2 上	Level C2
G2 下	Level D1
G2 下	Level D2
G3 上	Level E1
G3 上	Level E2

从以上发展阶段来看，我们对Phonics校本化的过程是不断优化改进的，教学对象的年级也越来越倾向于低年级，旨在让孩子们在学习英语的初期便接触

科学有效的拼读方法。在资源建设上，我们从最初单一的拼读，到结合Flash的动画教学，再到绘本教学，教学手段和载体越来越丰富，学生的学习成效逐步提高。目前，学生的学习方式和考核方式逐步走向个性化发展的方向。整合课堂学习时间、建立科学的分级系统、指导家庭拼读学习计划，让学生的学习从统一走向个性化，让考核的方式从单一的拼读考核转向个性化学习考核，这样的发展变化更有利于学生的学习规律。

二、中高年级构建英语分级阅读校本课程

我校英语科组自2017年9月开始探索英语分级阅读校本课程，先后采用外研社X计划分级阅读和美国RAZ分级阅读体系。经过近两年的教学实践和论证，目前已形成三至五年级以RAZ分级阅读体系为主要资源，以CAFE阅读策略体系为主要教学目标，以课内精读和课外泛读相结合的模式推进学生自主阅读的校本课程。

课内精读以培养学生的阅读策略为主，通过阅读策略的学习来提高学生的阅读能力，指导阅读技巧。课外泛读以大量的真实语料输入为主要方式，通过成倍增大语量提高学生的英语语感。各年级英语绘本学习安排见表3。

表3

年级	绘本级别	教授策略	策略类型	精读数量	泛读数量
三上	Level aa	Beginning&Ending Sounds Blend sounds Cross-checking Use the pictures	Accuracy	10本	≥70本
三下	Level A	Chunk letters&sounds Flip the sound Skip a word and come back Trade a word	Accuracy	10本	≥70本
四上	Level B	Adjust reading rate High-frequency words Notice punctuation Reread text Voice tone expression	Fluency	10本	≥60本
四下	Level C	Ask someone Use dictionaries etc Use illustrations&diagrams Use prior knowledge&context Use word parts	Expand Vocabulary	10本	≥60本

年级	绘本级别	教授策略	策略类型	精读数量	泛读数量
五上	Level D	Activate prior knowledge Literary elements Make Connections Predict, confirm&clarify Question Use text features	Comprehension	10本	≥50本
五下	Level E	Author's purpose Cause&effect Compare&contrast Infer Main ideas&details Summarize Text	Comprehension	10本	≥50本

　　根据上学期末的数据统计，三年级平均每生每学期阅读量为88本，四年级为65本，五年级为58本，较之实施校本课程前的阅读量有了飞速提升。此外学生的流利朗读和阅读理解能力都比以前有了明显提升，学习成就动机比以前更加强烈，对课内英语的学习助力显著。

三、英语学科综合评价改革试点

　　根据学校教导处"基于个体数据驱动的学生学习能力发展研究"的要求，英语学科自2019年3月在四五年级进行学生学习能力综合评价试点，旨在精确掌握学生的学业发展水平、适时给予精准辅导，促进每个学生在自己的成长曲线上稳步上升。

　　目标：本学期将重点关注学生在英语阅读和写作两个方面的成长，对学生阅读和写作的进步进行过程评价，并纳入期末总评中，形成英语学习能力成长报告。

　　参与教师：四五年级备课组。

　　评价结构：为更加精确地体现学生的学业发展水平，本学期英语学科的综合评价由四个部分组成，权重配比见表4。

表4

评价组成	权重（%）	标准（每项100分）
阅读	20	本学期完成阅读专项练习50篇（自第二周起每周一、三、五各一篇），范读50本（自第二周起每周二、四、六各一本）。全部完成计100分，少一篇（本）扣1分

评价组成	权重（%）	标准（每项100分）
书写（G4）写作（G5）	10	四五年级本学期分别完成英语书写和习作16次（自第二周起每周一次）。每次批改并打分，期末核算平均分
期中测评	20	使用东莞市小学英语期中测评试卷
期末测评	50	使用东莞市小学英语期末测评试卷

附：

校本课程验收方案

我校英语校本课程包括：低年级Oxford Phonics、Story-telling Books和中高年级Sight words，口语和 Reading A to Z分级阅读。为保证各项校本课程教学都能得到有效地落实，我校特根据课程实施现状制订此验收方案。

表5

年级	验收内容	验收方式	评价标准	时间	验收人
一	自然拼读第一册	一对一朗读	任选一个字母，读出 letter name 及 letter sound 全对为优秀A 需要提示为良好B 不说话或完全不会为不合格C	第17周周三早读+第一节	英语组全体教师
	字母故事	一对一朗读	任选一个字母故事进行朗读 语音错误不超过1处为优秀A（同一词反复错误算一处） 语音错误2～3处为合格B 语音错误超过3处为不合格C		
二	自然拼读第二册	一对一朗读	任选一组字母及例词进行朗读 全对为优秀A 错1个为良好B 错2个为不合格C	第17周周五早读+第一节	英语组全体教师
	外研社英语二年级下册	一对一问答	从每个Module选一组问答，教师提问，学生根据图片作答 全对为优秀A 需要提示为良好B 不能回答为不合格C		

年级	验收内容	验收方式	评价标准	时间	验收人
三	绘本A级	一对一朗读	备课组指定16本A级绘本，教师随机从中抽一本考核 正确流利朗读，错误不超过2处为A 语音错误超过2处为B 基本不会读为不合格C	第18周周三早读+第一节	英语组全体教师
	口语	一对一问答	外教指定10个话题，学生随机从中抽一个话题并回答问题 完全正确并流利回答问题为A 基本正确回答为B 完全不会回答为C	第17、18周口语课	外教
四	绘本B级	一对一朗读	备课组指定16本B级绘本，教师随机从中抽一本考核 正确流利朗读，错误不超过2处为A 语音错误超过2处为B 基本不会读为不合格C	第18周周五早读+第一节	英语组全体教师
	口语	一对一问答	外教指定10个话题，学生随机从中抽一个话题并回答问题 完全正确并流利回答问题为A 基本正确回答为B 完全不会回答为C	第17、18周口语课	外教
五	绘本D级	一对一朗读	备课组指定16本D级绘本，教师随机从中抽一本考核 正确流利朗读，错误不超过2处为A 语音错误超过2处为B 基本不会读为不合格C	第18周周三早读+第一节	英语组全体教师

Unit One *My school* Part A *Let's learn* 教学设计

设计者：胡红芳

学　校：东莞松山湖实验小学

教　材：人教版小学英语四年级下册

课　型：词汇课

时　间：40分钟

一、教学内容，见图1、图2

图1

图2

二、学情分析

小学四年级学生，通过四年级上册第一单元My classroom的学习，已经掌握了一些简单的与学校设施相关的词汇，如：classroom，computer，teacher's desk，等等，能够用所学的知识对学校熟悉的事物进行简单描述，为新课学习奠定了基础，并且他们学习英语兴趣浓厚，模仿力强，好奇心强，善于表现自己。因而我注重以学生为主体，激发学生的学习兴趣，引导学生积极参与，注重学生的感知能力培养。

三、教学目标

1. 语言知识目标

能够在情景中听、说、认读单词和词组：library，teachers'office，first floor，second floor；

能够熟练运用句型 Where's the library? It's on the first floor. 询问、描述学校教室和场馆的位置。

能够听懂Let's do的指示语，并按指令做出相应的动作，巩固复习Let's learn部分词汇。

2. 语言技能与学习策略目标

能够正确利用上述单词或词组描述学校教室、场馆的大致位置。

通过对学和小组合学，将所学的语言运用到真实的情景中，培养学生小组合作能力和综合运用语言的能力。

3. 情感态度与文化意识目标

通过本节课的学习，让学生简单了解学校设施、场所大体功能，培养他们用英语表达的兴趣和热爱学校的美好情感。

四、教学重难点

（1）教学重点：能够在情景中听、说、认读单词和词组：library，teachers' office，first floor，second floor；能够熟练运用句型Where's the library? It's on the first floor. 询问、描述学校教室和场馆的位置。

（2）教学难点：让学生注意单词library中辅音连缀的发音，灵活询问或描述自己学校某设施、场所的大体位置。

五、教学流程图

A song of our school → Chen Jie's school → Pupils' school → Dream school

六、教学环节与活动

Step 1.Warm-up.

教师和学生互问好，谈论学生的兴趣爱好，提议大家一起共唱一首关于学校的主题歌曲，导入本节课的课题，见图3。

图3

T：Boys and girls，do you like singing?

Let's sing a song.

Ss：Ok!

T：Well done! What is the song about?

Ss：It's about a school.

T：So today we're going to learn Unit One *My school* Part A *Let's learn*.

【设计意图】教师用轻松欢快的歌曲，自然引入本单元要谈论的"学校"这一话题，同时活跃了课堂气氛，激发了学生的学习兴趣。

Step 2.Presentation.

（1）教师通过PPT呈现Chen Jie的图片（见图4、图5）并告诉学生：Chen Jie邀请大家一起去参观她的新学校。教师播放音频和PPT，学生观看完Chen Jie

介绍她的新学校后，圈出文中提到的图片。教师请学生回答，并运用phonics教授新单词 library，teachers' office。

图4

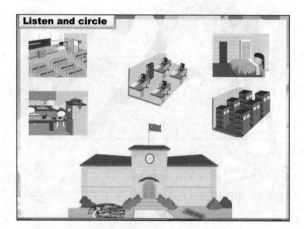

图5

T：Boys and girls，look at the picture. Who is she?

Ss：Chen Jie.

T：And this is Chen Jie's new school. Is it big?

Ss：Yes，it's big and beautiful.

T：Do you want to visit her school?

Ss：Yes.

T：Ok！ Chen Jie will introduce her school to us. Let's go and have a look.

Ss：Great.

T：Boys and girls, look at the pictures, what's in Chen Jie's new school?
Circle the right pictures.

【设计意图】教师通过整体输入，让学生在语篇中感知词汇，将新词设置于问题中，通过问题情境、图片等形式让学生在情景中学习词汇。

（2）教师再次播放音频语篇，然后提问：Where's the library/ teacher's office/ classroom? 学生在听的过程中把图片拖动到教学楼正确的楼层，见图6。教师请学生回答，并运用phonics教授新词组first floor, second floor.

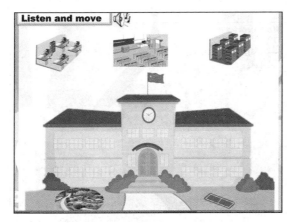

图6

T：Boys and girls, we have visited Chen Jie's new school. There is a teachers' office, a classroom and a library in her school. But where are they? On the first floor or on the second floor? Let's listen again and put the pictures in the right places.

Ss：OK.

【设计意图】问题式引领入课，让学生在回答问题的过程中了解新授句型：Where's the library? It's on the first floor. 在语篇中教授新词组first floor, second floor.

Step 3.Practice

（1）Sharp eyes.

教师利用多媒体技术快速闪现功能室的图片或单词，然后消失，请学生说出相应单词。

T：Let's play a game："Sharp eyes". Say out the words as quickly as you can. Ready go.

Ss：Library/ teachers' office/ first floor/ second floor.

【设计意图】教师利用多媒体技术，通过快速闪现图片或单词的形式，让学生快速说出正确的答案，强化学生对单词音—形的记忆。这是学生最喜欢用的读单词方式，可以让其在轻松的氛围中学习新单词。

（2）Pair work.

教师出示Chen Jie和Amy一起参观学校模型的图片，见图7，请学生观察图片：猜一猜Chen Jie和Amy在谈论什么呢？请学生回答，然后播放录音，检查答案。教师出示核心句型，请学生看图进行问答句对学活动。

图7

T：Boys and girls, you've done a good job. Now, look at the picture, Chen Jie and her friend Amy are looking at their new school model. What are they talking? Let's listen.

Ss：Where's the library?

T：Yes, you are so smart. How does Amy answer?   Listen!

Ss：It's on the first floor.

T：So clever. Let's do pair work. Talk about the school in pairs. Begin.

【设计意图】回归课本，注重引导学生模仿语音语调，让学生养成听和模仿的习惯，奠定良好的语音基础。

（3）Let's guess.

教师出示 Let's guess图片，见图8，请学生根据图片内容猜测 Chen Jie和她的朋友们都在哪里参加活动。谈论完图片后，学生八人一组进行练习并表演chant.

图8

T：We know Chen Jie and her friends are in the school. They take part in some activities. Where are they？What are they doing？Let's guess. Look at Mike, what is he doing?

Ss：Playing football.

T：And where is he playing football?

Ss：On the playground.（教师出示其他图片，让学生一一讨论并讲解。）

T：It seems a lot of fun. Do you want to go and play with them. Ok, let's chant.

【设计意图】学生在合作与交流中互相帮助，彼此促进。语言学习需要在理解的基础上识别、记忆和尝试模仿，才能准确体会语言的内涵和所表达的情感。

Step 4.Extension.

（1）Group work：教师出示实验小学图片，见图9，告诉学生Chen Jie和她的朋友们要来参观实验小学啦！请一人做向导，四人一组开展参观学校的小组活动。

图9

T：We have visited Chen Jie's new school. Her schooi is ...

Ss：Big and beautiful.

T：What about your school? Now Chen Jie and her friends want to visit your school.Look, this is our school. Now, you are the guide. Please introduce your school to them. I'll show a demo to you. Please watch carefully.

Ss：Ok.

【设计意图】这是一个拓展阶段，为学生创设真实的情境。学生采取小组合作的形式向客人介绍自己的学校。学生在运用所学单词和句型完成任务的过程中，体验到了成功的喜悦。通过小组合作的语言交际活动，学生在真实的情境中理解新单词和句型，进一步巩固所学知识。

（2）小组合作设计一所梦想的学校。

教师出示各种场景学校的图片：有海边的学校、森林里的学校、草原上的学校和大海里的学校等，并展示一些学生比较感兴趣的设施，如：游泳池、水上滑梯等，见图10，拓展学生思维，挖掘学生的创造能力。学生四人一组，设计一所梦想的学校，并上台展示。

图10

T：Do you want to study in a dream school?

Ss：Yes, I do.

T：Let's design a dream school.

Ss：Ok！

T：Where's your dream school？Maybe it's near the sea. After school you can go swimming everyday.（教师介绍一些不同场景的学校）Now, it's your turn to design a dream school. Group work go！

【设计意图】这是一个开放性的活动，给了学生更广阔的自由发挥的空间。他们可以通过自己观察到的内容和平时生活的积累来完成这一任务。这一活动可以更好地帮助学生拓展思路，激发他们运用目标语言进行表达的欲望。

Step 5.Homework：

（1）Listen to the tape and read P5 three times.

（2）Introduce your school to your friends.

【设计意图】作业的布置是课内知识的巩固和延伸。教师布置作业要巩固课堂所学知识，更要强化学生的语言记忆，同时要能扩展所学知识，提高学生学习能力，为下一课时的学习做好准备。

七、教学资源

平板电脑，多媒体课件、单词卡片与视频文件。

八、教学评价

在本节课中，笔者根据四年级小学生的年龄、心理及个性特点，采取了多样的评价手段和方法。

（1）表扬评价：是小学英语教学活动最常用的一种评价方法，是激发小学生的内在潜能的重要手段，也是提高小学生英语学习兴趣的有效途径。在本节课中，笔者用了Excellent、Well done、Great、Very good、Wonderful、You've done a good job等鼓励性的用语，对学生个人、小组及全班进行了鼓励性评价。

（2）小组评价：以小组为单位的形成性评价贯穿始终。

九、板书设计

Unit One My school

Part A Let's learn

Where's the library?

It's on the first floor.

| library | teacher's office | first floor | second floor |

十、教学反思

本节课是以词汇和简单句型的学习为基础，引入"学校"一个新的话题，即本节课教学主要让学生学习如何用英语描述学校主要设施及活动场所，知道学校设施场所大体功能，同时会询问或描述学校某设施场所的大体位置。本课主要是注重基础，重点培养学生听说能力，教育学生要热爱学校，养成良好的生活、学习习惯。笔者反思整个教学过程，基本实施了原来的教学设计，其中最满意的环节是后面的拓展活动：做小导游向朋友介绍自己的学校和设计一所自己梦想的学校。做小导游介绍自己的学校这一活动是在真实的情境中开展，学生有相关的生活体验（平时经常会向来学校参观的客人和幼儿园的小朋友用中文介绍自己的学校）。因此在课堂上当笔者宣布开展这一活动时，学生热情高涨，四人一组，积极参与，气氛相当热烈。展示环节，个个踊跃举手，争取上台表演。在设计梦想学校这一环节，笔者提供的不同场景的学校图片极大地吸引了学生的眼球，所有学生都瞪大眼睛观看图片，并在心里想象自己梦想学校的样子。小组设计活动开始后，学生马上四人一组，围坐在组长的平板电脑旁，开始精心设计，并用自己的语言进行表达，很多学生会选择在海边或海底的学校，他们觉得与大海为伴是一种很不错的体验。

整堂课也有一些不足之处：在新授单词library，teachers' office时过多关注了单词的音义结合，对于"形"的理解笔者引导不够，导致学生根据 phonics 拼读单词时，个别学生只能跟录音朗读单词而不能完整拼读。

"五下单元复习整合"教学设计

设计者：秦珊

学　校：东莞松山湖实验小学

教　材：人教版小学英语五年级下册

课　型：复习课教学

时　间：40分钟

一、教学内容分析

本课时的主要教学内容节选自人教版小学英语五年级下册 Unit One *My day* Part B *Let's learn* & Unit Two *My favourite season* Part A *Let's learn* & Unit Five *Whose dog is it?* Part B *Let's learn.* 见图11。学生在单元五学习了动词的ing形式和动物正在做什么的英语表达。教师通过将本册书中的第一二单元联系起来，整合单元知识，将新旧知识融会贯通，指导学生温故而知新，学会整合知识、提高自学、小组合作学习与交流能力。教师在教学设计中所使用分小组讨论图片，激发学生在共同完成任务的过程中进行交流，使他们获得交际性的输入与输出，在交互中构建意义。

图11

二、学情分析

五年级的学生活泼好动，思维活跃，乐于模仿和参与活动。因此，本节课以投篮的游戏、Kungfu Fu Panda故事阅读、学生自学讲故事、对学阅读故事和小组讨论写作为主要教学环节，目的是通过故事教学活动，既培养学生初步的故事阅读能力，也培养学生的相应的思维能力，同时促使学生意识到保护动物的重要性。为了激发学生的学习兴趣，本课中笔者运用了小组互评的方式对学生进行评价，奖励最佳参与小组。

三、教学目标

1. 语言知识

整合现在进行时的陈述句、疑问句形式及often，can，like，对比运用，使学生熟练掌握该语法现象的构成、意义及用法。

2. 语言技能

能够熟练运用现在进行时的句子来陈述自己或他人及动物正在干什么，并能做出相应的回答。

3. 学习策略

注重新旧知识的融通贯通，加强自学、小组的合作与交流。在教学设计中所使用的分小组讨论图片，会激发学生在共同完成任务的过程中进行交流，使他们获得交际性的输入与输出，在交互中构建意义。

4. 情感态度

通过了解Kung Fu Panda和Story time中的Zip和Zoom的故事内容，激发了学生的学习兴趣，培养了学生热爱动物、热爱大自然的良好品质，促进了语言交际的运用能力。

四、教学重难点

教学重点：

（1）现在进行时的结构：be+ing，"be"和"ing"的变化运用。

（2）现在进行时句式在语境中的运用。

教学难点：

（1）实际语境中运用现在进行时句式。

（2）现在分词的三种不规则的形式。

五、教学资源

多媒体课件、绘本书、故事人物头饰、学生阅读材料、视频文件。

六、教学评价

在本节课中，笔者根据五年级小学生的年龄、心理及个性特点，采取了多样的评价手段和方法。

（1）表扬评价：表扬评价是在小学英语教学活动中最常用的一种评价方法，是激发小学生的内在潜能的重要手段，也是提高小学生英语学习兴趣的有效途径。在本节课中，笔者用了You've done a good job、Well done、Great、Wonderful等鼓励性的用语，对学生个人、小组及全班进行了鼓励性评价。

（2）小组互评。小组互评是指学生以小组为单位对其他小组学生的表现进行评价。在本课中，笔者在投篮游戏、对学、看图回答、写作等环节，以竞赛的形式引导学生互评，奖厉最佳表现小组。

七、教学过程

Step1. Warm-up.

通过 Let's do，教师说，学生做；通过投篮的游戏，教师引导学生复习动词现在分词的三种不规则形式，激发学生已有的知识，引出本课的主题。

（1）Let's do：Are you ready for our class? Today we are going to have a revision. Do you like sports? Let's do some sports, OK?

T：Can you run/jump/swim/fly/walk?

Ss：Yes.

T：Run/jump/swim/fly/walk, please.

T：Good. Please fly/ run/dance fast. Very good, group 1, fly fast, so, you're flying team. You did a good job, you can get the red card here. Group 2, run fast, so, you're running team. You can get the yellow card for your team. Group 3, you're dancing team. You can get the green card for your team.

【设计意图】教师创设轻松愉快的环境，呈现主题，让学生感知动词，体验现在进行时与能力动词的区别；将新旧知识相联系，可以激活学生的思维，让学生主动构建知识，树立学习的自信心。

（2）A game：You did a good job, I give you a game. Put the ball into the basketball. Let me show you . Now, can you have a try? 见图12。

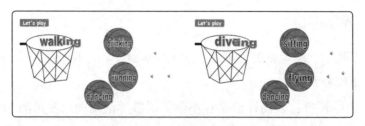

图12

【设计意图】投篮的游戏能够吸引学生的注意力，激发了学生学习英语的兴趣，引导他们进一步巩固现在分词的词尾变化的规律。

Step 2.Presentation

（1）Watch the video.

T：You're great. Last time, we know Tigress and Kung Fu Panda fights with the crocodile. What's going on？ Do you want to know more about the story？ Let's watch the video together：So, we know, Tigress fights with the crocodile, she wins and save little "Zan". What animals in the story？ Let's take a look. They are...（PPT：Tigress, Kung Fu Panda, Master Shifu, Little Zan, Zan's mother, Goat...）. They are funny.

（2）Read the story and Fill in the blanks. 见图13。

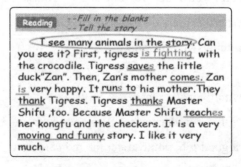

图13

【设计意图】好玩、好动、好奇是小学生的特点。教师运用故事创设真实的语境，这样会使学生理解更深刻一点，印象更深一点。教师鼓励并慢慢协助学生说出故事的大概内容，说出故事人物，让学生大胆地说英文，激发了学生的表达欲望。

（3）Talk about the pictures.

Do you want to know more things about the animals？ Let's talk about the pictures.

① （熊猫吃面条的图片）（图略）

T：I can _____. We can _____.

The panda can _____,too.

（eat eating）．

Choose "eat" or "eating".

S1：I can eat. We can eat.

The panda can eat, too.

T：Good, we choose "eat", because the word

"can". I often _____（eat eating） noodles for breakfast.

What do you often have for breakfast?

S2：I often eat noodles for breakfast.

T：Great, we choose "eat", because the word "often".

And now, what is it /Kung Fu Panda _____（do doing）？

It is _____（eat eating） noodles now.

S3：what is it doing？

It is eating noodles now.

T：Super, because the word "now". Right？！

板书1：——what is it doing？

　　　　——It is _____ing.

② （Tigress 飞着的图片）（图略）

T：I like tigress. Because she has a kind heart.

Look, What _____（is are） Tigress doing?

She is _____（fly flying） now.

S4：What is Tigress doing?

She is flying now.

T：You're right. We use "she", because "Tigress" is a woman. If the animal is a man, we can use "he".

板书 2：——what is she / he doing?

      ——She / He is _____ ing.

③（Kung Fu Panda 与 Crocodile 打架的图片）

T：Look, What a big clocodile!

What are they _____（do doing）?

They are _____.

（fight fighting）

S5：What are they doing?

They are fighting.

T：I don't like _____.

（fight fighting）

Don't _____（fight fighting）with your

classmates. S6：I don't like fighting.

Don't fight with your classmates.

T：Yes, don't fight with your classmates.

That's dangerous, that's not kind.

板书 3.——what are they doing?

      ——They are _____ing.

【设计意图】教师引导学生边讨论图片，边复习知识，同时及时写下板书，让同学们一起交流，体会can、often、like的用法，体会What is it/she/he doing与What are theydoing的区别。这样可突破教学重难点，也符合新课标提出的突出学生为主体的基本教学理念。

（4）Pair work：Ask and answers. 见图14。

T：Let's talk more about the pictures. You can talk about them with your partners. Running team, you talk picture 1 or 2. Walking team, you talk picture 3 or 4.

3. Do you *see* (see seeing) Kongfu Padan ?
Yes, I *do* (do doing)./No,I *don't* (do don't).
4. Can you *see* (see seeing) Master Shifu ?
Yes, I *can* (can can't)./No,I *can't* (can can't).
5. What is Kong Panda *doing* (do doing)?
It is *swinging* (swing swinging) .

1.Look, the pandas can *climb* (climb climbing).
They are good *climbers* (climbers climber).
2.I don't like *climbing* (climb climbing) trees.
3.—What are the pandas *doing* (do doing)?
—They are *climbing* (climb climbing) the tree.

图14

【设计意图】教师运用图片创设真实的语境，能激活学生大脑中已经存在的现在进行时的知识框架，使学生在有意义的语境中运用现在进行时进行交流。

Step 3.Production.

（1）Fill in the blank. 见图15。

T：So, now, we know the story, I like the story very much. Do you like it？Do you want to know Zip's story？Where are Zip and Zoom now？They are in a big nature park. Let's fill in the blank. Let's find out, what are they doing there？What animals can they see？What are the animals doing now？

Production 1   *Fill in the blank.*

A. They 're looking at us .   B. What are they doing?
C. Where is it?   D. It's running too fast.
E. That's OK.   F. Where are they?

Zip: Wow, what a big nature park. Look, here comes a kangaroo.
Zoom: _____ C
Zip : Shhhh. Be quiet.
Zoom : Ah-chool!
Zip : _____ D _____ . We only get the tail.
Zoom : Sorry.
Zip : _____ E _____ .
I see two monkeys.
Zoom : _____ F _____
Zip : Shhhh. _____ A _____
Zoom : _____ B
Zip : Why are they picking up the stones?
Zoom : _____ Just wait and see.
Zip : Look! They are taking pictures, too.
Zoom : That's cute. They're imitating you.

图15

【设计意图】教师培养学生的阅读能力和实践能力，让他们独立完成，形成良好的阅读习惯。

（2）Reading. 见图16。

T：Zip and Zoom are in the nature park. Lucy and Lily are in the nature park, their classmates are in the nature park, too. They can see some animals, what are the animals doing there？ Read by yourself. Then finish the questions in your group：

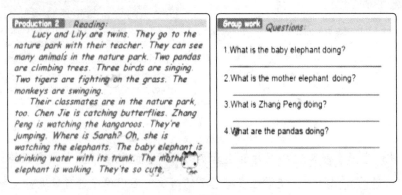

图16

【设计意图】教师以检测的形式来梳理与现在进行时的句式结构有关的知识点，引起学生关注现在进行时的常见错误，并培养了学生自主探究学习的习惯，增强了他们的实践能力。

（3）Writing. 见图17。

T：If you were in the nature park, too. What can you see？ Can you write some sentences about the pictures？ You can choose Level 1 or Level 2 to write.

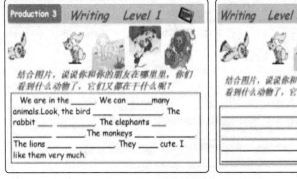

图17

【设计意图】教师将语言功能扩展到学生们的真实语境中，并让学生们体会现在进行时的句子的运用，开发他们的思维，发展他们的语言能力。

Step 4.Consolidation. 思想教育。

T：Many people love the animals. They protect the animals. But some people don't like the animals. They like the money, they kill the animals to make the handbag to earn the money. We know the animal does not belong to mankind.

They belong to the nature. We should set them free. We should treat them kindly.

【设计意图】教师通过Kung Fu Panda 和 Story time 中的 Zip 和 Zoom 的故事内容，给学生进行思想教育，激发了学生的学习兴趣，培养学生热爱动物、热爱大自然的良好品质，促进语言交际的运用能力。

Step 5.Sum up.

Today we have reviewed present progressive tense. Let's have a look at your team card, team 1,flying team, we write "—ing". Team 2, running team, the last letter, we should write "double", then "ing". Team 3, dancing team, we should delete the last letter, then "ing".

【设计意图】通过总结梳理现在进行时的句式结构来记忆动词"ing"的变化规律，学生会掌握得更牢固、清晰。

Step 6.Homework.

Let's make a animal book. 并用现在进行时的句型对自己的画进行描述。

【设计意图】学生通过画自己喜欢的动物，激发学习兴趣，培养热爱动物、热爱大自然的良好品质。

八、教学反思

（1）本课主要采用了语法教学法，将本册书中的第一二单元联系起来，指导了学生温故而知新，在完成任务的过程中促进互动、产出和纠正性的反馈，以提高语言交流的流利度和准确度。

（2）教师通过Kung Fu Panda和Story time中的Zip和Zoom的故事内容，激发了学生的学习兴趣，培养了学生热爱动物、热爱大自然的良好品质，促进了语言交际的运用能力。

（3）本课采用多媒体，设计几个不同层次的任务、活动让学生去完成，让他们在快乐的课堂氛围中综合运用实际能力，注重新旧知识的融会贯通，加强小组的合作与交流。教学中所使用的分小组讨论图片，会激发学生在共同完成任务的过程中进行交流，使他们获得交际性的输入与输出，在交互中构建意义，最终达到了能够熟练运用现在进行时的句子来陈述自己或他人及动物正在干什么，并能做出相应的回答。本课教学总体效果不错。

九、板书设计

Unit 5 第五课时（Revision）

（1）——what are you doing?

　　——I am _____ ing.

（2）——what is it doing?

　　——It is _____ ing.

（3）——what is she/he doing?

　　——She/He is _____ ing.

（4）——what are they doing?

　　——They are _____ ing.　　　　　　　Flying team

walking	swimming	riding
jumping	sitting	taking
cooking	putting	writing
playing	shopping	waving
catching	swimming	having
drawing	sitting	diving
doing	putting	making
listening	shopping	skating
sweeping	swimming	riding
going	sitting	taking
singing	putting	writing
watching	shopping	waving
reading		having
eating		making
Flying team	Running team	Dancing team

小学英语四年级上册Recycle 2

设计者：吴彬

学　校：东莞松山湖实验小学

教　材：人教版小学英语四年级上册

课　型：复习课

时　间：40分钟

一、教学内容分析

本节课选自人教版小学英语四年级上册Recycle2 第一课时的*Read aloud*，主要内容是：学生通过John和陈杰去Mike家参加家庭圣诞晚宴的情景，综合复习4～6单元的核心句型。文本中介绍了西方国家过圣诞节的文化习俗，内容如下：

Mike：This is our living room.

Chen Jie：Wow！It's beautiful！

Mike：Come and meet my family. They're in the kitchen.

Mike's father and mother：Welcome！

Father：Merry Christmas！

John and Chen Jie：Merry Christmas！

John：Is that your father?

Mike：Yes. He's Father Christmas now.

Mike：This is my mother. She's a nurse.

John and Chen Jie：Nice to meet you.

Mother：Nice to meet you, too.

Father：What would you like?

Chen Jie：I'd like some turkey, please.

Mother：Would you like some juice?

John：Yes, please.

Father：Help yourself!

All together：Merry Christmas!

本部分的整体设计思路是：通过介绍Alison在英国庆祝Christmas的活动引出Christmas主线，引领学生进入学习主题的氛围。学生在学习文本过程中能够理解故事大意；能够整体认读句子，用正确的语音语调朗读故事；能够在情景中综合运用4～6单元的核心句型；能够在语境中理解新词Father Christmas, turkey和情景语言Merry Christmas的意思，并能够正确发音。最后让学生分享自己家中庆祝圣诞、春节的情况，引导学生从书本走向生活实际，鼓励真实、自然地表达，拓展学生思维能力，进一步提高学生的语言综合运用能力。

二、学情分析

四年级的学生活泼好动，思维活跃，乐于模仿和参与活动。因此，本节课以Christmas为主线，首先通过介绍Alison在英国庆祝Christmas，激活孩子们关于Christmas的已知图式，通过John和Chen Jie去Mike家参加家庭圣诞晚宴的情景，让学生在情景中综合复习4～6单元的核心句型，最后在分享各自家庭的庆祝Christmas的活动中引导学生从书本走向生活实际，鼓励真实、自然地表达，拓展学生思维能力，进一步提高学生的语言综合运用能力。

三、教学目标

1. 语言知识目标

复习用餐时的基本句型"What would you like？I'd like... Help yourself. Would you like some..."并能够运用这些句型征求并表达用餐意愿，提出用餐建议。

2. 语言技能与学习策略目标

能够用正确的语音、语调朗读对话，并能进行角色表演；能够在语境中理解生词Father Christmas和turkey的意思，并能够正确发音；能够在图片和教师的帮助下理解对话大意，能借助小组力量熟读目标语言，能灵活运用已有图示和新授句型口头讨论各自的Christmas。

3. 情感态度与文化意识目标

了解西方国家过圣诞节的习俗文化；感受并激发和家人间互爱互助的情感。

四、教学重难点

教学重点：能够在情景中运用用餐基本句型。

教学难点：理解并运用课文中有关Christmas的语言去分享各自的家庭庆祝圣诞的情况。

五、教学资源准备

教学课件、课文录音、相关卡片以及圣诞老人服装。

六、教学评价

在本节课中，笔者根据四年级小学生的年龄、心理及个性特点，采取了多样的评价手段和方法。

（1）表扬评价。表扬评价是在小学英语教学活动中最常用的一种评价方法，是激发小学生的内在潜能的重要手段，也是提高小学生英语学习兴趣的有效途径。在本节课中，笔者用了You've done a good job、Well done、Great、Wonderful等鼓励性的用语，对学生个人、小组及全班进行了鼓励性评价。

（2）小组互评。小组互评是指学生以小组为单位对其他小组学生的表演进行评价。在本课中，笔者组织学生以小组为单位在班上表演，引导学生互评，奖励最佳表演小组。

七、教学流程图

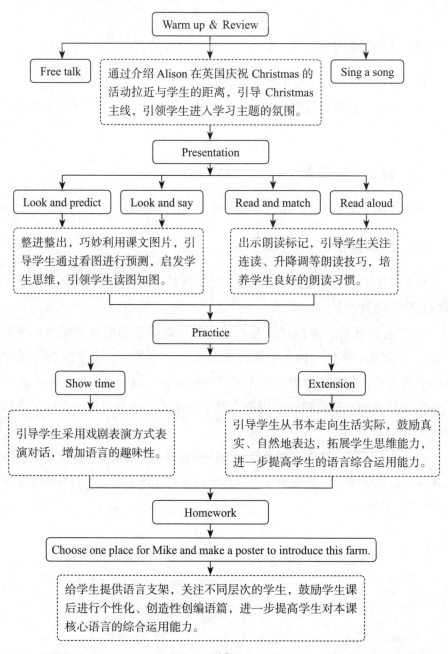

Warm up & Review

Free talk

通过介绍 Alison 在英国庆祝 Christmas 的活动拉近与学生的距离，引导 Christmas 主线，引领学生进入学习主题的氛围。

Sing a song

Presentation

Look and predict

Look and say

Read and match

Read aloud

整进整出，巧妙利用课文图片，引导学生通过看图进行预测，启发学生思维，引领学生读图知图。

出示朗读标记，引导学生关注连读、升降调等朗读技巧，培养学生良好的朗读习惯。

Practice

Show time

引导学生采用戏剧表演方式表演对话，增加语言的趣味性。

Extension

引导学生从书本走向生活实际，鼓励真实、自然地表达，拓展学生思维能力，进一步提高学生的语言综合运用能力。

Homework

Choose one place for Mike and make a poster to introduce this farm.

给学生提供语言支架，关注不同层次的学生，鼓励学生课后进行个性化、创造性创编语篇，进一步提高学生对本课核心语言的综合运用能力。

图18

八、教学过程

Step 1.Warm-up.

教师通过介绍Alison在英国庆祝Christmas的活动拉近与学生的距离，引出Christmas主线，引领学生进入学习主题的氛围，见图19。

图19

【设计意图】教师引领学生进入学习主题的氛围。在free talk中复习相关单词和句型，激发学生相关的知识储备，渗透文化知识，为本节课的综合运用语言做好铺垫。

Step 2.Look and predict.

教师呈现场景1，引导学生通过读图预测目标语言。

Q1：Where is the Christmas tree？ Q2：Whose family is it？

【设计意图】教师巧妙利用课文图片，引导学生通过读图进行预测，启发学生思维。

Step 3.Listen and check.

教师组织实施听力练习印证学生刚刚预测的答案。

【设计意图】整体呈现场景1的语篇，训练学生的听力技能。

Step 4.Look and say.

教师出示场景2和场景3的图片，引导学生读图知图。

Scene2：Q1：Who is he? Who is Father Christmas in Mike's family?

Q2：Who is she ?

Q3：What do they say when they meet at the first time?

Scene3：Q1：What's for dinner? Q2：What would you like?

Q3：What do you say to your families on Christmas?

【设计意图】整体呈现，为下面图文匹配活动做铺垫。

Step 5.Read and match.

教师设计图文匹配的活动，让学生先自主思考然后进行小组讨论，见图20。

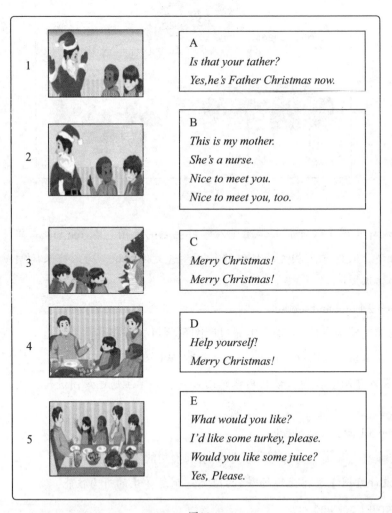

图20

190

【设计意图】整进整出，培养学生阅读技能。

Step 6.Imitate.

教师组织学生跟随录音大声朗读课文，引导学生关注连读和升降调朗读技巧。

【设计意图】教师通过出示朗读标记，引导学生关注连读、升降调等朗读技巧。教师通过试读—听录音—跟读，一步步引导学生模仿发音，培养学生良好的语音素养，并借助朗读符号，培养学生良好的朗读习惯。

Step 7.Role play.

全班示范角色表演。

【设计意图】教师通过任务驱动，引导学生深层次理解文本内涵，同时达到语言的初步运用，见图21。

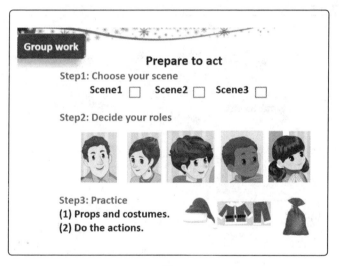

图21

Step 8.Show time.

学生以小组为单位选择场景进行表演。

【设计意图】学生采用戏剧表演方式表演对话，增加语言的趣味性。

Step 9.Extension.

学生分享自己家中庆祝圣诞、春节的情况，见图22。

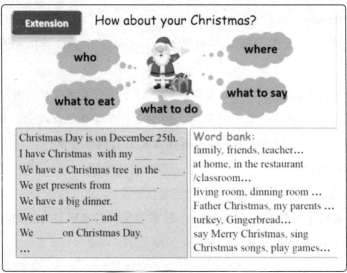

图22

【设计意图】教师引导学生从书本走向生活实际，鼓励真实、自然地表达，拓展学生思维能力，进一步提高学生的语言综合运用能力。

Step 10. Homework.

（1）Listen to the tape and read P66 three times.

（2）Introduce your Chinese New year and leave a voice message to me.

【设计意图】教师给学生提供语言支架，关注不同层次的学生，鼓励学生课后进行个性化、创造性创编语篇，进一步提高学生对本课核心语言的综合运用能力。

九、板书设计

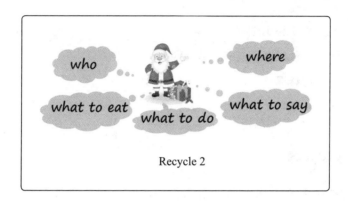

Recycle 2

十、教学反思

反思整个教学过程，笔者较好地完成了教学目标，并收到了预期的效果。其中令笔者满意的设计是：第一，引导学生采用戏剧表演方式表演对话，增加语言的趣味性。学生们纷纷举手，课堂的气氛很热烈，学生的参与度很高。第二，设计学生分享自己家中庆祝圣诞的情况，引导学生从书本走向生活实际，鼓励真实、自然地表达，拓展学生思维能力，进一步提高学生的语言综合运用能力。第三，通过介绍Alison在英国庆祝Christmas的活动引出Christmas主线，引领学生进入学习主题的氛围。在free talk中复习相关单词和句型，激发学生相关的知识储备，渗透文化知识，为本节课的综合运用语言做好铺垫。

教学中也出现了一些没有预料到的情况，如在图文匹配环节，孩子们做起来有一定难度，耽误了一点时间，这时笔者应该适时给出一点提示。

Unit Five *My Clothes* Part A *Let's talk*教学设计

设 计 者：王晓婷

学　　校：东莞松山湖实验小学

教　　材：人教版小学英语四年级下册

课　　型：对话课

上课时长：40分钟

一、教学内容

本课时的主要教学内容节选自人教版小学英语四年级下册Unit Five *My Clothes*第48页*Let's talk*。

本课主要内容见图23。

图23

二、教学目标

（1）语言知识目标：学生能在情境中听、说、理解和认读句型：Are these yours?
Yes, they are./ No, they aren't. They're Chen Jie's. Is this John's?
Yes, it is./ No, it isn't. It's Mike's.

（2）语言技能与学习策略目标：能利用已有知识和经验预测对话内容，能借用图片等非语言信息理解语篇话题，能借助思维导图（mind map）理解对话情境；能结合真实的生活情境灵活运用目标句型来寻找失物的主人。

（3）情感态度与文化意识目标：让失物回到主人身边，让主人感受"失而复得"的喜悦，培养拾金不昧、乐于助人的良好品质。

三、学情分析

五年级的学生活泼好动，思维活跃，乐于模仿和参与活动。因此，本节课设置学生唱英语歌曲、看图猜猜看、读图猜对话情节、听音理解对话、自主模仿跟读、比一比谁读得好和小组合作表演等教学环节，目的是通过对话教学活动既培养学生用英语进行口语交流的能力，也培养学生的相应的思维能力。为了激发学生的学习兴趣，增强学生学习的主动性，本节课笔者在多个教学环节中让学生运用平板电脑进行对子学习、自主学习和小组合作学习，让学生成为课堂的主人，让学生多说、会说、懂说，充分地体现了对话课的教学特点，实现高效课堂。

四、教学内容分析

本节课选自小学英语四年级下册第五单元My Clothes第1课时Let's talk中的一个对话，对话文本内容见图24。

图24

本课时文中图一出现的时间表达法，学生已在 Unit Two熟练掌握。因此，本课注重让学生多说，让学生运用已有知识，利用简单熟悉的语言，借助图读懂对话。图23和图24出现本课的新知——名词性物主代词，如：Are these yours? They are Chen Jie's. Is this John's? It's Mike's。其中学生已在 Unit Four中熟练地掌握 Are these 和Is this问答句的区别和用法。本课在巩固 Are these 和 Is this 的用法之上，在课文的语篇中让学生感知名词性物主代词的用法。此外，本课注重让学生联系真实的生活情境，让学生在情境中灵活地运用名词性物主代词。

本课时的教学重点：理解Are these yours? Yes, they are./ No, they aren't. They're Chen Jie's. Is this John's? Yes, it is./ No, it isn't. It's Mike's，询问并回答物品主人的问话句型。

本课时的教学难点：创设情境，让语言回归生活，让学生在情境中灵活运用 Are these yours、Yes, they are./ No, they aren't. Is this John's、Yes, it is./ No, it isn't. 句型，并让学生理解对话背后的寓意，拾物不昧，物归原主，让生活充满温情。

五、教学流程图

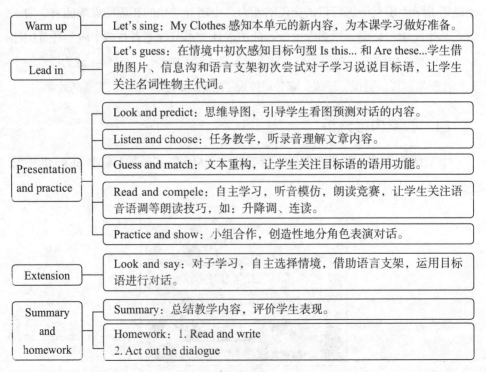

图25

六、教学资源

多媒体课件、平板电脑、对话人物头饰与道具、视频文件、课后阅读材料。

七、教学评价

在本节课中，笔者根据五年级小学生的年龄、心理及个性特点，采取了多样的评价手段和方法。

（1）口头表扬评价。口头表扬评价是小学英语教学活动中最常用的一种评价方法，是激发小学生的内在潜能的重要手段，也是提高小学生英语学习兴趣的有效途径。在本节课中，笔者用了You did a good job、Well done、Great、Wonderful等鼓励性的用语，对学生个人、小组及全班进行了鼓励性评价。

（2）小组竞赛评价。小组竞赛评价是反映组内学生学习表现、组内学生合学情况和鼓励学生创造性表现的综合性评价体系。本节课小组评价贯穿始终，能从多方面综合性地评价学生的整体学习情况。

八、教学环节与活动

Step 1.Warm-up.

（1）热身活动：教师引导学生唱英语歌谣My Clothes，引出本课主题，让学生感知本单元有关衣服的知识，见图26，为新课学习做准备。

图26

T：Good afternoon,boys and girls.

Today we will learn Unit 5 My clothes Part A Let's talk.

Before class, Let's sing a song My clothes. Ss：Coat, shirt, T-shirt, skirt...

T：Great! You sing very well.

【设计意图】教师引导学生唱富有节奏的英语歌谣，创设轻松愉快的学习氛围，帮助学生调整上课的状态，自然引入 My Clothes 此话题的英语学习。

Step 2.Lead in.

（1）教师创设情境，让学生熟悉有关衣服的单词，见图27。

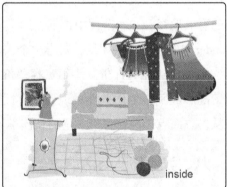

图27

T：Look, what are these?

Ss：Hat, skirt, pants, dress.

T：Yes. Amy's mom washed some clothes and put them outside. What's the weather like?

S1：It's cloudy.

T：Yes. It's going to rain. But Amy's mom is shopping now. Let's help her put the clothes inside the house.

【设计意图】教师创设情境，让学生走进课堂，为下面进行的看图猜猜游戏，练习重点句型做准备。

（2）看图猜一猜。学生在情境中借助语言支架试着猜一猜这些衣服是Amy家中谁的。在对子自主学习环节前，教师先做示范，见图28，然后让学生看着各自平板电脑里含信息沟的图片（见图29）进行对话。

图28

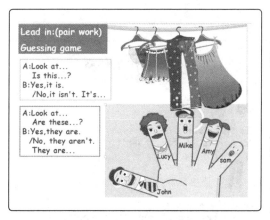

图29

T：Look at the blue hat. Is this Amy's?

S1：No, it isn't.

T：Maybe. Look at the pants. Are these Amy's?

S2：Yes, they are.

T：Maybe. Kids, please turn on your pad. Look at the picture on your pad and then talk with your partner. Let's go!

Ss：OK.

【设计意图】对子学习让学生利用图片出现的信息沟，借助语言支架参与到活动中来，熟悉重点句型，为下面学习对话语篇做准备。

（3）学生展示。教师针对学生出现的小错误进行纠正，让学生关注此重点句型，如：①名词性物主代词 Amy's；②pants要用Are these句型；③问句中的答句等，见图30。

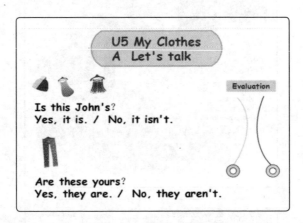

图30

【设计意图】教师给予学生充分展示的空间，从学生的展学中点拨讲解，让学生更好地习得新知识。

Step 3.Presentation and practice.

（1）Look and predict.教师让学生观察图片，然后试着用思维导图引导学生推测语篇内容，见图31。

T：I miss Amy.

Oh, she is in the picture. Who is that strong man?

S1：PE teacher.

T：Where are they?

图31

S2：They are in the gym.

T：What are they doing?

S3：They are having a PE class.

T：Look, what time is it?

S4：It's 4 o'clock.

T：It's 4 o'clock. Class is over. It's time...

S5：It's time to go home.

S6：It's time to play.

T：Kids, well done. Look at picture 2 and 3. What can you see?

S7：A hat and shoes.

【设计意图】教师用色彩明亮的图片吸引学生的注意力，用 5 个问题引导学生思考，培养学生的观察能力、读图能力和思考能力。

（2）Listen and choose. 教师让学生带着问题听录音，然后让学生根据自己对课文的理解在平板电脑上完成练习题，见图32。

T：Look at the shoes. Whose shoes are these?

Are these Amy's?

Look at the hat. Whose hat is this?

Is this John's? Let's listen.

（After the record）

图32

T：Clear?

Ss：Yes.

T：Now turn on your pad and choose the right answers.

（30 seconds later）

T：Finish? Let's check the answers. Ss：OK.

【设计意图】任务型教学，让学生带着任务听录音，培养学生听力的专注度，让学生更好地理解对话。教师借助平板电脑可以全面客观地检测每个学生对听力的理解情况，较好地掌握学生的学习动态。

（3）Guess and match.文本重构，挖空重点句型，让学生根据上下文，在平板电脑上选择正确的句子填入横线中，使对话完整通顺，见图33。

图33

【设计意图】文本重构，让学生默读对话，独立思考，关注对话的语用功能。

（4）Read, compete, practice and show.

① 个体自学：学生拿着平板电脑，注意朗读标注（见图34），戴上耳机听音模仿跟读课文。

② Compete：Who can read it better？个人朗读比赛，每句话挑选两位学生大声朗读，比一比看谁读得好。

③ Role reading（Whole class）：互换角色朗读。

④ Practice and show（Group work）：小组合作练习，并由学生自主地创造性表演对话，见图35。

图34

图35

【设计意图】学生按标记听录音模仿朗读，通过平板电脑自主跟读课文掌握课文的语音语调，然后通过比一比谁读得好这一环节再次感受朗读的技巧。教师让学生在小组中分角色朗读，再次促进学生对故事文本的深层理解，让学生自主地在小组中分配角色加上肢体语言表演，不但训练学生的语音语调和朗读技巧，更是让学生学会如何在小组中合作，让学生充分地发挥学习的主动性和创造性。

Step 4.Production.

教师先小结：These shoes are Chen Jie's. 见图36。

图36

This hat is Mike's. 然后教师引出校园三个场景里出现的失物，建议学生帮忙找到失主，见图37。

A: Oh! It's 5:40pm.
It's time for dinner.
B: There is _____on the playground.

A: Look! It's a new basketball.
Is this _____?
B: _____.
A: How about_____?
Is this _____?
B:

图37

Pair Work：学生自主地选择一个场景，借助语言支架（见图38、图39），运用本课学到的重点句型进行语言口头交流，寻找失主。

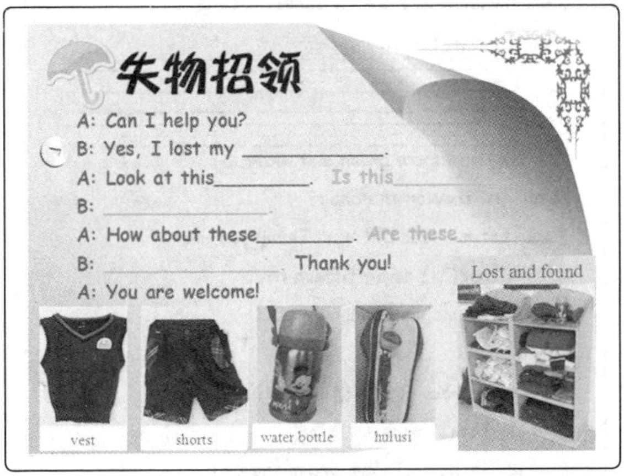

图38

图39

【设计意图】学生通过寻找失主，体会助人的快乐，并逐渐形成拾金不昧、乐于助人的良好品格。同时，学生用已学习的句型描述自己身边真实的生活，提高自己的语言综合运用能力。

Step 5.Homework（评测促学）看你能得多少个星星？见图40。

Homework

1.Read and write（书写句子，必做☆☆）.

Jack: Mum，where are my socks?

Mum: Look at the blue socks.

_____

Jack:

_____

My socks are green and white.

Mum: Are they on the chair?

Jack: Let me see. Oh! Yes. Thank you, mum!

Oops. It's seven fifteen now.

It's time for school.

2. Tick or cross（判断对错，必做☆☆）.

( )1. Jack's socks are blue.

( )2. Jack's socks are under the bed.

( )3. Mum's socks are green and white.

( )4. It's 7:50 now.

( )5. It's time to go to bed.

3. Act out the dialogue with your partner（表演对话，选做☆☆☆）.

图40

【设计意图】教师分层布置作业是为了照顾不同学习能力的学生：一方面扩大学生的语篇阅读能力，确保帮助学生能运用此课学过的知识；另一方面鼓励学生能把此对话以展示的形式表演出来，让学生做到学以致用。

九、板书设计

U5 My Clothes
A Let's talk

Is this John's?
Yes, it is. / No, it isn't.

Are these yours?
Yes, they are. / No, they aren't.

Evaluation

十、教学反思

反思整个教学过程，笔者基本按照最初的教学设计，完成了全部的教学任务，达到了预设的教学目标。学生的反应比较积极，小组活动非常有效果，实现了预期的教学效果。

其中令笔者满意的是整节课设计完整，主线清晰，结合"智慧教室"系统和学生平板电脑，给予学生充分练习口语的时间，实现了课堂的高效。其一，本节课一直以学生为主体，多次创设真实的情境，让每一位学生都在情境中练习口语，实现课堂全员参与，如：①利用信息差，让学生每人拿着平板电脑猜猜衣服是Amy家哪个人的；②在文本朗读练习表演环节，每一位学生都动起来，通过平板电脑自主跟读课文，通过小组自主分配角色编排表演，充分体现了学生学习的主动性和创造性。其二，本节课多次结合学生平板电脑，给予学生口语交流真实的情境，及时跟踪了解学生对语篇的理解情况，积极调动学生学习的主动性和创造性，如：①导入环节让学生猜猜Amy家衣服的物主，每个学生借助平板电脑中图片的信息差进行较为真实的情境口语交流；②呈现环节让学生听录音做单选题理解鞋子和帽子是谁的，可借助平板电脑的评测功能，及时跟踪学生对短文的理解情况，帮助教师及时调整教学；③跟读课文环节，每个学生根据自己的学习情况，拿着平板电脑自主选择重难点点读跟读课文，可帮助每个学生进行模仿跟读正音。④产出拓展环节，学生借助平板电脑可自主选择自己喜欢的情境进行口语对话，充分尊重学生的意愿，让学生根据自己的选择进行对话帮助寻找失主，升华学生的情感，启发学生要培养拾金不昧、乐于助人的良好品质。因此，笔者认为本节课总体上比较成功。

当然，本节课也存在一些不足之处，主要是时间上的把握不够严密准确。最后的展示环节时间相对比较短，没有给学生预留足够的展示时间。今后笔者在二次上课的时候，要更多地注意时间分配问题，力争让本节课的时间分配更加合理。

Unit six *In a nature park* part B *Read and write*教学设计

设 计 者：章婷

学　　校：东莞松山湖实验小学

教　　材：人教版小学英语五年级上册

课　　型：读写课，新授课

上课时长：40分钟

一、教学内容，见图41

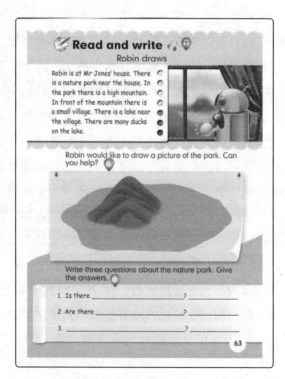

图41

二、教学内容分析

本节课选自人教版小学英语五年级上册Unit six *In a nature park* Part B *Read*

and write中的一篇文章。文章讲述了Robin在Mr Jones家里看到了一个nature park，并将其画下来的故事。文章的主要句型是there be句型的各种句式，包括there be句型单数/复数的陈述句、一般疑问句及回答。

三、学情分析

五年级的学生思维活跃，乐于模仿和参与活动，并有一定的语言基础。本节课以故事教学为主线，以故事背景的引领、课文故事的呈现、故事文本的重构、自主书写等为主要的教学环节，通过师生合作、生生合作来完成学习任务。这样设计的主要目的是通过任务型的活动培养学生的阅读能力和阅读技巧，在层层递进的教学环节中发展学生的思维能力。

四、教学目标

（1）语言知识和语言技能目标：在听、读、讲故事的过程中，培养学生的阅读能力，掌握句子中短语的略读发音技巧，能进一步用英语描述日常生活中的人和事。能够流利朗读文段，并应用there be句型描述以及书写事物及其方位。

（2）学习策略和学习方法目标：通过Free talk、头脑风暴、小组讨论与合作、故事预测、学生联系生活实际谈体会等方式激活学生思维。尝试阅读英语小故事，从愉快的阅读理解中培养学生综合运用语言知识的能力。

（3）情感态度价值观：培养学生与人交流沟通的社交能力。

五、教学重难点

（1）教学重点：能够流利朗读课本内容，能够熟练掌握there be句型单复数的句式变换，并准确运用其描述事物及其方位。

（2）教学难点：能够读懂教师创编的前置性背景文章，能够流利朗读过程性文本重构中生成的新对话，完成书写练习。

六、教学资源

英语课本、学生用平板电脑、PPT多媒体课件、课本音频、flash动画文件、人物头饰、共同体加分棒。

七、教学评价

本课时的课堂教学评价基于小组共同体（以8人小组为一个共同体进行统一评价）。

（1）师生评价、生生评价、学生自评：每回答正确一个问题均可为小组共同体加分。

（2）智慧教室评价系统：通过平板电脑评测系统检测学生学习任务的正确率，通过平板电脑的加分系统进行智能加分。

（3）幸运加分：通过平板电脑的抢答、抽签等功能随机抽取学生展示学习结果，进行不定向的幸运加分。

最终教师将本节课的分数汇总，形成小组共同体在本节课的最终得分，结合班级、学校的积分制度进行奖励。

八、教学流程图

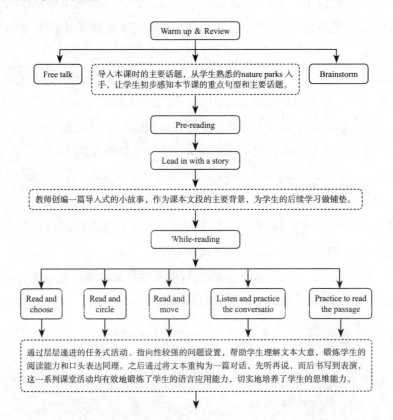

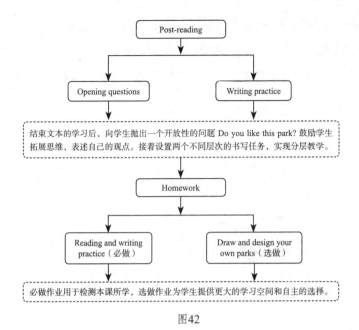

图42

九、教学环节与活动

Step 1.Warm up.

（1）Free talk：教师将东莞几个 nature park 的照片制作成一份 photo album 并存放于学生的平板电脑中，让学生浏览平板电脑找出自己认识的公园，通过问题：What's the name of the park？How do you know that？鼓励学生用 there be 句型的陈述句描述认识的公园照片Because there is / are in the park，见图43。

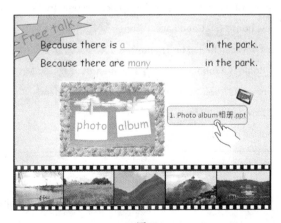

图43

（2）Brainstorm：教师展示一张不甚清晰的雨后的公园照片，用于复习there be句型的一般疑问句及回答。鼓励学生用there be句型的一般疑问句提问，教师根据实际情况作答。最后教师展示清晰的照片，与学生共同描述公园的景致，见图44。

-Is there _____ in the nature park?
-Yes, there is. / No, there isn't.

-Are there _____ in the nature park?
-Yes, there are. / No, there aren't.

图44

【设计意图】教师通过展示学生熟悉的东莞各个nature park的图片，让学生复习学习过的there be句型和nature park里常见景物的词汇，由此激活学生已有的知识背景，引入本课的主题，为本课的学习做准备和铺垫。

Step 2.Pre-reading.

（1）Share a story：教师创编一则小故事作为课本文段的故事背景，见图45。

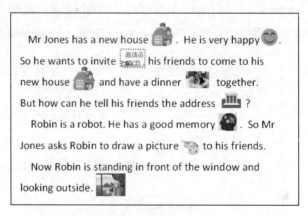

Mr Jones has a new house 🏠. He is very happy 😊.
So he wants to invite 邀请函 his friends to come to his
new house 🏠 and have a dinner 🍽 together.
But how can he tell his friends the address 🏛 ?
  Robin is a robot. He has a good memory 🧠. So Mr
Jones asks Robin to draw a picture 🎨 to his friends.
  Now Robin is standing in front of the window and
looking outside. 🪟

图45

（2）Predict：教师设置三个预测文段的问题，让学生通过朗读前置故事和观察课本图片，尝试回答这三个问题：Where is Robin？ What does Robin do？

What can he see?

【设计意图】教师创编的前置故事为课本文段提供更加丰富的背景，教师以这个故事为课程设计的主线展开教学，之后通过让学生预习三个主要问题进一步了解文段的基本要素，借此锻炼学生的朗读能力和推理能力。

Step 3.While-reading.

（1）Read and choose：学生快速浏览课文，完成选择题并找出关键句子，见图46。

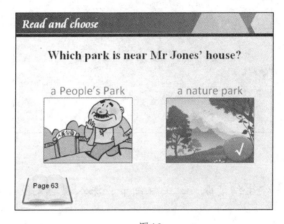

图46

【设计意图】学生快速浏览课文，通过回答有针对性的问题培养skimming的阅读技巧和阅读能力。

（2）Read and circle：学生再次朗读课文，将文中各个景物圈出来，见图47。

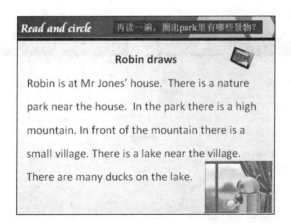

图47

【设计意图】学生再次朗读课文，查找关键信息，通过这种阅读方式培养 scanning 的阅读能力。

（3）Read and move：学生细读课文，找出各个景物所在的位置，帮助 Robin 完成图画，见图48。

图48

【设计意图】学生细读课文，关注细节，深入理解文段大意，培养动手能力和理解能力。

（4）文本重构：学生结合之前提供的故事背景，将文段改编成一篇对话。学生先听老师和 Robin 打电话的音频，但是由于一些关键信息没有听清楚，学生要根据已学的课文将对话在平板电脑上补充完整，之后练习朗读，见图49。

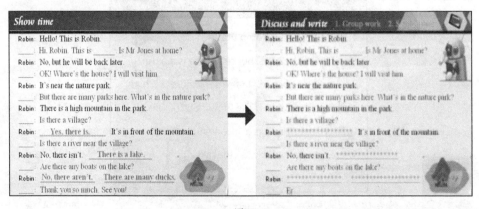

图49

【设计意图】本课旨在让学生用文本重构的方式解读课文。本课的重构方式为体裁的重构，即将文段重构成对话，让学生先听再说，到书写，再到表演，活动设计层层深入，其间训练了学生的听力、书写能力和表达能力，为学生综合运用目标语言提供机会。

（5）Reading practice：练习朗读文本，见图50

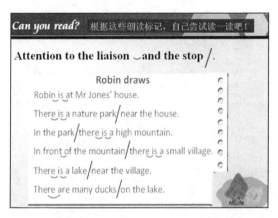

图50

① 教师出示带有朗读标记的文本，请学生尝试朗读。

② 学生使用平板电脑听一听朗读示范，检查自己读得是否标准。

③ 学生用平板电脑和耳机跟读课文，从自学到对学再到展学，在小组内练习朗读。

④ Reading competition：教师请学生起立进行单独朗读比赛，全班一起纠音正音。

【设计意图】学生在完成了一系列的学习任务后，练习朗读课本的文段，主要练习连读、停顿等朗读技巧，再通过与同学的对学与合学，完成自主朗读的过程。这一环节给了学生充分的时间自己听音正音，同时在小组合作练习朗读的过程中有利于同学间的互帮互助。

Step 4.Post-reading.

（1）Opening question：教师提出一个开放性问题 Do you like this park？鼓励学生大胆说出自己的观点。

（2）Writing practice：继续故事主线，教师提供两种不同程度的书写练习，见图51。

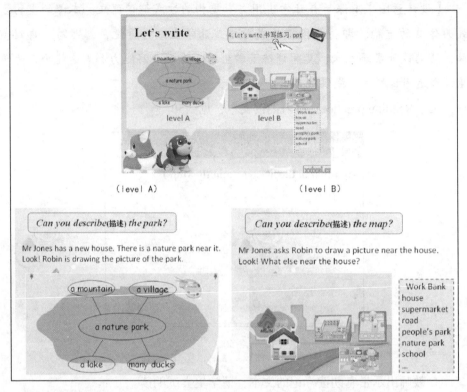

图51

【设计意图】Level A 的写作程度基于课本内容，只需描述出公园里的景物及方位，用于检测大部分学生的学习效果。Level B 的环境更复杂，要求学生写出 Mr Jones 家附近还有哪些建筑物，这就涉及更多的实物名词和方位介词，这个程度的书写练习可供优等生练习。这样就实现了课堂的分层教学。

Step 5.Homework.

（1）Read the passage on P63.（必做）

（2）Finish your writing practice.（必做）

（3）Draw a picture of your own park and try to describe it. （选做）

【设计意图】前两项作业为必做作业，旨在检测学生本节课的学习效果。第三项为综合性作业，包括了设计、会话、英文描述等内容，让学生可以发挥他们的想象力和创造力，为学生提供更多的学习创造空间。

十、板书设计

Unit six In a nature park

Part B Read and write

I. *Ihat's in a nature park?*

There is a lake in the nature park.
There is a lake in the nature park.
There is a lake in the nature park.
Yes,there,is.
No, there isn't

There are some flowers in the nature park.
Are there any boats in the nature park?
Yes, there are.
No, there aren't.

Ⅱ. *Can you describe the park?*

There is a high mountain in the P ark.
There is a village in the park.
There is a lake in the park.
The ducks are on the lake.

【设计意图】这一课时是本单元的最后一个课时，在文本内容和体裁上属于新授课，在语言目标上则是归纳复习A、B部分的重点句型，因此板书设计分为两部分。第一部分（What's in a nature park？）目的在于复习 there be 句型的各种句式，在本课一开始的Free talk和Brainstorm中应用，引导学生在句式中激活已知的词汇知识背景，引入本课主题。第二部分（Can you describe the park？）旨在描述文章中park的景物，并为学生呈现表示"某处有某物"的不同句型句式，为后面的书写练习打基础。

十一、教学反思

反思整个教学过程，我基本实施了原来的教学设计，并收到了预期的效果。

比较成功的方面：为课本的文章补充了更加真实丰满的背景和后续故事，整节课是在讲述一个完整的故事，即帮助 Robin画画和打电话，请Mr. Jones的朋友们来家里做客。这个完整的故事有效地激发了学生的阅读兴趣，培养了学生的逻辑推理能力和想象思维能力。学生的参与度很高，教学效果较好。

需要改进的方面：①学生的展示机会不够多，如对话的展示，写作的展示。如果时间能够把控得更加准确、更加科学，学生应该会有更多的展示机会。②对于平板电脑的使用功能还没有完全开发。

创客学科教学改革

基于STEAM的小学机器人工程主题云学堂的构建

东莞松山湖实验小学机器人课程经过八年的摸索与实践，现已经历三个阶段的实践：一是三至六年级普及机器人教学；二是物理空间意义上的创客实践环境建设；三是基于学科融合的云学堂建设。下阶段，我校继续以信息化手段为动力，推进机器人课程向人工智能领域转变。在课程实施过程中，我们始终以多元智能内涵为出发点，重视学生生活经验与学习经历，以机器人任务学习为驱动，综合运用云学堂的主题学习方式整合学习资源，以点带面，将机器人工程主题教学的框架体系进行了有效整合，现将这一创新实践过程汇报如下。

一、问题的发现

（一）学习资源缺乏主题统领

时光回至 2010 年 9 月，我校根据小学生的接受能力，并结合机器人厂商提供的教学资源，自编了一套主题式结构化模块教材。该教材的优点在于每课的任务明确、主体性强，机器人搭建步骤详细。在课程学习的初期，孩子的学习兴趣还是非常浓厚的，但是由于学习资源缺乏主题统领，经过一段时间后有部分学生不愿意完成课程要求的学习目标，喜欢利用机器人配件随意做一些结构作为玩具。

（二）教学模式单一化

学生总是依赖教材上的详细步骤进行搭建，评价只能围绕着"是否完成任务"这一标准进行。根据教学记录统计，有 78.7% 的合作学习小组无法在课堂上完成教材要求，尤其是机器人编程教学目标难以达成。根据这一情况，我们总结出三个问题：一是教材难度过大；二是教材指导步骤过于详细；三是机器人编程知识必须降低要求。

（三）学生个体差异导致学习进度难以统一

我校机器人课程有三至六年级的普及教学，也有以兴趣爱好为导向的社团教学。但在社团教学中，我们发现参与机器人社团活动的95%以上都是男生，女生真正喜欢工程搭建的极少，这就导致了在自主设计选题时学生所选内容都是偏向汽车、枪械、飞机等，而没能真正拓宽学生的思维。在机器人教学中有些学生做得很快，有些同学做得很慢，有些同学总是想随意做自己喜欢的东西，甚至不喜欢课堂上教师要求完成的搭建任务，这就为教学进度造成一定的阻碍。

二、思考解决方案

（一）采用云学堂方式，提供个性化学习环境

何克抗教授认为："教学模式是指在一定的教学思想、教学理论和学习理论指导下，为完成特定的教学目标和内容而围绕某一个主题形成的，比较稳定且简明的教学结构理论框架及其具体可操作的教学活动方式，通常是两种以上方法策略的综合应用。"我校在总结了现有的教学模式的基础上，不断优化和整理，应用云学堂的信息化技术整合相关资源，小到知识点的微课录制讲解，大到主题教学知识体系的资源建设。在近七年的机器人工程主题教学中，我们不断总结实践经验，依托云学堂的信息化平台，既能让每个学生清晰准确地学习相关知识，又能提供一个个性化的平台，让每个学生的创造力得到充分发挥。在云学堂里学生可以自主完成以下内容，见图1。

图1

（二）基于 STEAM 的主题资源建构

我校机器人工程主题教学是学生在教师的指导下或者学生自主确定一个项目，以完成某个项目实现具体功能的工程应用（齿轮结构、连杆结构、链轮结构、稳定支架、平移结构、坦克底盘等）为目标，以引起学生的创新思维为核心的课程形态。它是对普通机器人课程教学的延伸和发展，是对基础知识和基本技能理解、运用的过程。它以学生的生活和现实问题为载体和背景，以学生的直接体验为主要内容，以学生的自主探究和主题研究为基本形式，以培养学生的独立思考和解决问题的能力为主要任务。通过良好的资源整合构建，我们已完成基于STEAM整合的主题资源建构的课程内容，见图2。

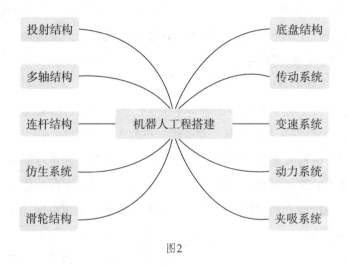

图2

（三）针对不同学生的个性化弹性学习

现有的教学策略在一定程度上都能够促进学生对机器人知识的理解和原理的学习，但所使用的教材大多数是纸质书籍，由学生自主搭建，由教师提供必要的引导。但我们在教学实践中发现，学生完成某一作品的搭建可能并没有太多困难，教师变得"无所事事"。通过实施云学堂虚实结合的教学策略，学生在云学堂里可以有针对性地进行学习，在网上完成任务并上传创意表。学生在理顺思路的同时，将自己的创意制造进行虚拟搭建，发现工程结构存在的问题，并能及时修正。同时教师通过云学堂的实时状态显示，可以个性化地引导学生，更加高效地解决学生遇到的问题。

三、行动实施

（一）课程的技术层面内容

在总体课程的垂直组织安排上，考虑学习内容的先后顺序性规划，根据学生年龄特点，依托空间职能与信息化平台，我校构建了一至六年级的校本课程体系：一二年级为博思机器人拼装，主要以培养兴趣爱好为主，并能熟悉简单的工程结构，如连杆滑轮等；三年级依托信息化平台学习机器人的海陆空模型、无线电测等，包括底盘结构、传动系统、动力系统等若干工程架构；四五年级为Scratch创意编程与S4A互动媒体测控板，让机器人随着自己的想法动起来；六年级为3D打印、定格动画。在水平组织的课程铺排上，我们也融合与其他学科的关系，让学生能够把所学的各种课程串联起来，以增加学习的意义性和应用性，让科学创客精神贯穿始终。

（二）云学堂的建构

我校机器人工程主题教学经过多年探索已经形成自己的完整体系，自建校起就建设了200平方米专用机器人室，用于机器人普及教学；后又建设示范性创客空间，用于机器人制作与训练。根据机器人课程开展和竞赛的需要，我校每年都安排充足的专用经费购置机器人器材和设备，保证课程运作与研究需要。我校被评为现代教育信息化示范学校，每班均配备了平板电脑。学生在平板电脑上就可以系统地完成自己的作品创新与制作。同时，我们依托云学堂将所有知识点整合梳理，将内容全部上传至云学堂（见图3），内含学习计划、知识点的讲解、视频演示、复习巩固、拓展训练等。学生在自主学习时可依照个人情况进行针对性学习。

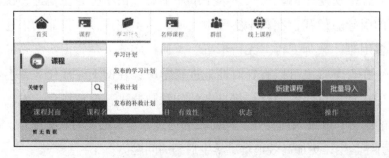

图3

（三）教学方式的变革

教师将机器人工程主题教学的相关内容进行制作梳理，上传至云学堂。每个章节的知识点既有讲解，又有微课视频演示。课堂上教师通过云学堂布置工程搭建任务；学生通过云学堂自主学习有关课程资料，明确学习目标。教师可随时关注学生的学习动态和进度，针对学生基础参差不齐的现实问题，进行有的放矢地针对性教学。学生可自主完成创意表，通过编程软件进行虚拟搭建，也可在小组内进行分享交流。教师在课堂中既是参与者，又是组织者。

四、成效与反思

东莞松山湖实验小学机器人校本课程研发始于2010年，现已经形成自己独有的机器人课程品牌。我校每周安排两节机器人课进入课表，每周二、四安排两节课的机器人社团时间，实现了三年级以上机器人课程普及。经过八年多的深耕实践，我校已先后获得东莞市电脑机器人大赛冠军、广东省电脑机器人大赛一等奖、十届全国中小学电脑制作活动全国一等奖、亚洲机器人锦标赛中国选拔赛全国一等奖、亚洲机器人锦标赛冠军、亚洲机器人锦标赛技术组冠军、世界机器人锦标赛最佳设计奖、粤港澳大湾区（香港）机器人大赛季军，并应邀参加香港回归20周年庆典典礼。东莞电视台、广东电视台多次报道过我校机器人团队的情况。我校在第四届中国教育创新成果公益博览会现场展示近些年取得的成果，教博会现场参展人员络绎不绝，我校机器人成果展受到了与会专家、校长、教师及培训机构负责人的高度肯定，部分学校当场表达了引进、共享课程的意愿。仅12日当天就接待了来自河南、山西、大连、山东、江苏、浙江、福建、甘肃、四川、贵州、湖南、江西等省市及澳门特别行政区同行的咨询。广州、深圳、珠海、湛江等兄弟市同行对我校的理念及实践也大加赞赏。

团队成员年轻而富有教学经验，有科学、美术、综合实践、信息技术的市级学科带头人、教学能手和骨干教师，有对STEAM教育充满热情的创客教师。教师们的教学经验丰富，教学业绩突出，均在一线教学，而且对于课程的整合持开放接受的态度。团队相互团结、协作，勇于接受新事物。相信通过我们全体成员的共同努力，基于STEAM的小学机器人工程主题云学堂的构建会变得更加完善。我们也热切期盼与所有教育同人并肩携手，开拓奋进！

基于云平台的跨学科教研模式

——以创客课程开发为例

我校现有教师131人，其中综合科专任教师18人，涵盖学科有科学、信息技术、综合实践活动、美术、心理健康等，最大学科只有4人。过去我校教研活动的痛点在于较难统一主题。2015年，学校经过反复论证，决定成立创客备课小组并开展基于云平台的跨学科教研模式，自主开拓创客课程。目前，我们已经完成了三四年级创客教育校本课程的开发与实践。

一、问题的由来

（一）学科"孤岛"导致知识的碎片化

在实施此项目前，我校综合科课程教学存在的问题是：课程主题比较分散，教学内容资源欠缺，学生的学习热情不够高涨，学习比较被动。长期以来，综合科教师在教学中往往只专注于本学科，缺乏交流与协作。如果能集中并和不同科目的教学内容进行整合，做到资源共享，无疑会取得更好的教学效果。

（二）部分教研活动效益不高

教研组的备课活动是构建课堂活动所倡导的措施之一。但现有的教研模式有失之偏颇现象：教研备课缺乏集体备课后的个性备课和个性教案的收集，而教研课上出现的教学问题、如教学内容不能完成、教学重点不突出、教学活动不协调、训练措施下到位等，没能及时解决便不了了之，甚至出现教研上无下文的情况。这种校本教研往往主次不分，对诱因的分析通常流于表面，多现象描述，少理论探索；多感性经验，少理性升华，诸如"我设计了哪些活动，采取了哪些步骤"之类流水账式的书面记录，成了不少教师"研究报告"的共同模式。这种教研最终成为教师个人经验的总结，甚至成为工作备忘录，这与教学研究的真正意义相去甚远。

（三）创客课程需要多学科合作

创客教育作为一种全新的技术手段与教学方式，综合了多学科知识，从而对教师的知识技能要求较高。例如，美术教师摸透美术教学内容本身就需要很大的力气，如果其再掌握科学教学、信息技术编程、机器人制作等内容，需要很长的时间才能实现；反之，让信息技术教师去掌握美术技能和美术教学，显然也需要很长的时间训练成长。我们没有那么多时间。因此，创客课程需要多学科合作。

二、思考解决方案

我们的思路是：不脱离课标、减轻教师负担、促进学生发展。

（一）云平台教研环境

"智能教育云平台"是我校与学创公司合作开发，依托物联网、云计算、无线通信等新一代信息技术构建的教育信息生态系统。"智能教育云平台"使我们的教研资源渠道拓宽，也使微课、优课、导学案等逐步丰富起来。我校还设立了"33云学堂"智慧教室个人备课资源网开设网络集体备课、网络教学、网络研讨等优质教研资源推送方式，扩大教研指导覆盖面，提高教研指导效率。

（二）如何跨学科合作教研

在项目学习（Project-Based Learning，简称PBL）的STEAM理念指导下，我们尝试将美术、科学、信息技术及综合实践活动优化重组，让这几个科目同时围绕一个主题多维度地开展教研活动；找到不同学科知识点之间的连接点与整合点，将分散的课程知识按跨学科的问题逻辑结构化；将各学科内容改造成以主题为核心的课程组织，通过主题串接起各学科知识，使课程形成有机关联和结构。

通过跨学科教研发现，三年级综合课程教材的共同之处都是在不同层次研究动物，于是我们就以研究动物为主题设计三年级上册的校本创客课程。我们整合各科教师的备课内容，避免不同学科相同内容的重复，提高课程综合性，同时解决一些课程实施中遇到的跨学科问题。

（三）我校的创客课程框架

本课程旨在引导学生利用常见的材料进行设计与制作，让学生体验"造物"的喜悦和兴奋，培养学生的审美、动手能力和创新思维。我们通过由易到难的五个章节（澄明·选题，尚美·设计，匠心·塑形，智造·智能，致用·展示），设置多个循序渐进培养学生动手能力的系统化任务，通过问题解决的方式培养学生的想象力、创造力，并让学生熟悉科学探究的全过程，见图4。

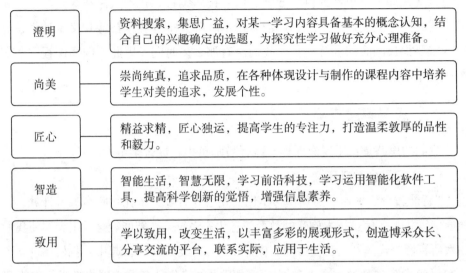

澄明	资料搜索，集思广益，对某一学习内容具备基本的概念认知，结合自己的兴趣确定的选题，为探究性学习做好充分心理准备。
尚美	崇尚纯真，追求品质，在各种体现设计与制作的课程内容中培养学生对美的追求，发展个性。
匠心	精益求精，匠心独运，提高学生的专注力，打造温柔敦厚的品性和毅力。
智造	智能生活，智慧无限，学习前沿科技，学习运用智能化软件工具，提高科学创新的觉悟，增强信息素养。
致用	学以致用，改变生活，以丰富多彩的展现形式，创造博采众长、分享交流的平台，联系实际，应用于生活。

图4

三、行动实施

（一）分年级合作研课

校本创客课程以科学为基础，融合美术、综合实践、信息技术、语文、数学等学科，以项目学习为载体，分年级合作研课，构建一至六年级校本创客课程体系。以级部为单位，本级各科教师集中教研备课，确定研究项目的主题，然后进行课程设计，如开题课—实践课—汇报课—美术类（绘画课—手工课—设计课）—电子编程（机器人信息）—总结。

如三年级上册《动手造物》采用了创客式学习方式，基于学生对动物外观、动作的观察，让学生能够记录、描绘并使用合适的工具和材质还原动物形象；同时使用编程技术模仿动物对外界的感知和运动，加强学生对于动物与外界环境关系的理解。三年级下册《植物生态园》则采用了项目式学习方式，通过实地观察、记录，让学生认知植物的不同组成部分，并依据材质特点制作植物小手工；最后通过动手制作植物生态园模型，让学生能够表达自己对于植物的感知和了解。

（二）在云平台上进行课程学习

我校是以"智能教育云平台"为支撑，将学科内容、学习工具、课外书籍电子化，合理运用最新的交互性教学设备，达到改变学生学习方式的目的，促进学生学习能力的发展。我们通过微信、"智能教育云平台"的"33云学堂"以及微课掌上通等平台，引导家长按照要求指导孩子完成导学案，利用微课资源让孩子在家进行学习，指导孩子如何正确利用云平台收集学习资源，等等。课堂上使用希沃智慧课堂设备，进行课堂学习资源共享、教学指导、作品展示、课堂反馈等活动。

（三）提炼各学科合作实践后的教学资源

科学教师解决动物的分类、食物链、繁殖等知识；综合实践活动：教师把学生带到动物园去参观，让学生带着任务深刻感受科学课上的知识；美术教师让学生利用剪纸、绘画、黏土等形式完成动物的塑造；信息技术教师将收集到的资料制作成视频、网页、电子板报等用于展示；机器人教师让学生搭建动物模型并让动物模型动起来。实践证明，创客课程的学习方式对学生的团队协作、与同伴沟通、解决问题、自主学习等方面的成长非常有益。

松山湖实验小学三年级（上册）课程设计方案（动手造物类）——身边的动物，见表1：

表1

课程大类	学时	课程小节	融合学科	授课内容	授课形式
澄明·选题	2	观察：了解动物种类	综合实践	重点任务：带领学生到动物园参观，让学生了解鱼类、两栖动物、哺乳动物、爬行动物、鸟类。学生观察自己喜欢的一个动物，并拍照，了解此动物的习性、动作特点。	室外授课
	1	调查：搜集动物特点	信息/科学	重点任务：搜集自己喜欢的动物的特点，并通过网络搜集相关图片与文字，形成文字稿，通过QQ群建立虚拟学习空间。	室内授课
	1	开题：讲述动物特点	综合实践	重点任务：小组讲述并模仿动物行走、声音、外形等特点，并提出小组将研究动物的某一特点。	室内授课

课程大类	学时	课程小节	融合学科	授课内容	授课形式
尚美·设计	2	构思：绘制动物草图	美术	重点任务：用A4纸，采用水彩画的方式，画出自己喜欢的动物特征。	室内授课
	1	选材：筛选制作材料	综合实践	重点任务：根据动物特点，尝试用纸、泥、木三种材料制作自己喜欢的动物，了解材料特性，并确定一种制作材料。	室内授课
匠心·塑形	1	技能：掌握工具使用	综合实践	重点任务：根据自己所选材料，掌握材料加工工具。	室内授课
	3	制作：制作动作模型	综合实践	重点任务：制作自己喜欢的动物模型。	室内授课
	2	优化：美化动物模型	综合实践	重点任务：检查作品能否达到小组研究的要求，并进行美化、优化、总结。	室内授课
智造·智能	1	构思：让动物模型动起来	信息技术	重点任务：考虑如何让动物模型动起来，并充分体现小组研究的特点，形成方案。比如，蜗牛的特点是它能把头缩到硬壳里面去。我们构想，如果我们触摸蜗牛模型的头，它会缩回去吗？	室内授课
	2	技术：运用电子模块	综合实践	重点任务：根据如何让动物动起来的任务，尝试将电器、电机、控制主板等元器件安装在动物模型身上，适当修改动物模型的结构。	室内授课
	2	编程：运用编程知识	信息技术	重点任务：运用编程知识，编写程序控制动物模型，达到自己想要的结果。	室内授课
	2	测试：改进编程与结构	信息技术	重点任务：测试动物模型的编程、结构是否达到最初设计效果，并进行适当改进、总结。	室内授课
致用·展示	2	写作：总结创作经历	语文、摄影	重点任务：小组内部讨论、梳理创作过程，形成文字+照片+作品内容。	室内授课

续 表

课程大类	学时	课程小节	融合学科	授课内容	授课形式
致用·展示	2	分享：交流创作经验	语文、信息	重点任务：全班学生开展作品公开展示与答辩展示会（松山湖实验小学创客节）。学生可以通过云平台对作品进行互评，加入教师的评价，最后生成总成绩，获取奖项。	室内授课
	2	互联：网络分享成果	信息技术	重点任务：指导学生将作品视频、照片、文字上传到校园网、微信公众号或其他网络分享平台。	室内授课

松山湖实验小学三年级（下册）跨学科课程设计方案（动手造物类）——植物生态园，见表2：

表2

课程大类	学时	课程小节	融合学科	授课内容	授课形式
澄明·选题	2	观察：了解植物种类	综合实践	重点任务：带领学生到植物园或湿地公园参观，了解树木、花卉，并拍照，了解植物的特性、外观特征，亲身体验大自然的生态美。	室外授课
	1	调查：搜集植物特点	信息科学	重点任务：学会通过不同途径收集植物素材，观察分析相同点和不同点。	室内授课
	1	开题：讲述植物特点	综合实践	重点任务：描述植物一般由根、茎、叶、花、果实和种子组成，这些部分具有帮助植物维持自身生存的相应功能。	室内授课
尚美·设计	1	构思：生态园分区规划	综合实践	重点任务：组建团队，让学生学习生态园分区规划，了解生态园分区应具备哪些分区与要素，以及植物种类与计划，思考和讲述如何规划自己心目中的植物生态园。	室内授课
	1	绘画：绘画平面设计图	美术	重点任务：每个学生用A4纸绘制出自己设计的生态园平面图，并选出组内最佳平面图。	室内授课

续 表

课程大类	学时	课程小节	融合学科	授课内容	授课形式
尚美·设计	1	选材：筛选制作材料	综合实践	重点任务：根据植物的不同特点，选取3D打印笔、超轻黏土、景观材料、木质材料等用于制作各种植物以及建筑、水体、土地。	室内授课
匠心·塑形	2	技能：掌握工具使用	综合实践	重点任务：根据所选材料，掌握材料加工工具的使用方法。	室内授课
	3	制作：制作主题地物	综合实践	重点任务：小组内分工合作，按照生态园规划图，结合不同植物的特点，加工制作主题地物（树、灌木、花丛等）。	室内授课
	3	制作：制作装饰地物	综合实践	重点任务：小组内分工合作，按照生态园规划图，结合不同地物的属性，加工制作装饰地物（草坪、路面、走廊、椅子、栅栏、花盆等）。	室内授课
	1	优化：美化生态园模型	综合实践	重点任务：检查作品能否达到小组要求，并进行美化、优化、总结。	室内授课
智造·智能	1	底座：承载生态园模型	综合实践	重点任务：用KT板制作生态园底座，按照前期设计，做好花园布局，以方便安装灯光和音效。	室内授课
	1	灯光：照亮生态园	综合实践	重点任务：为使生态园更加多彩和完整，可以添加合适的LED串灯，建议缠绕在槟榔树或葡萄树类的躯干上。	室内授课
	1	音效：大自然声音	综合实践	重点任务：选择合适的放音模块，添加水流、鸟鸣、虫鸣等大自然的声音。为了避免放音模块裸露影响美观性，将模块放置在灌木丛或花丛下稍做遮挡。	室内授课
	1	优化：优化调整设计	综合实践	重点任务：检查生态园模型是否达到最初设计效果，并进行适当改进、总结。	室内授课

续 表

课程 大类	学时	课程小节	融合学科	授课内容	授课形式
致用· 展示	2	写作：总结 创作经历	语文	重点任务：从观察、认识到选材、 构思、设计、制作，这个过程无论 成功与否都是个收获的过程，值得 反思。	室内授课
	2	分享：交流 创作经验	语文、信 息	重点任务：用适合交流的载体（板 报、手册、PPT、微电影、定格动画 等）为大家展示自己的成果。	室内授课
	2	互联：网络 分享成果	信息技术	重点任务：找到合适的网络分享平 台，上传自己的学习故事、成长经 历，与大家分享其中的快乐。形式多 样，可以使用视频、照片、文字。	室内授课

四、成效与反思

我校创客教育的硬件和软件均走在全省乃至全国的前列，"你若盛开，蝴蝶自来"。这一年多，我们接待的来自我国各地及德国的交流学习团，对我们的课程和团队建设、硬件建设都是羡慕不已。

为了展示创客教育活动成果，我市继续推动创客教育的进一步发展，促进创客教育教师的专业发展，于2017年11月24日，在东莞松山湖实验小学隆重举办了东莞市信息学创客教育课程建设与应用研讨暨松山湖创客教育交流活动，吸引了全市300多名信息技术骨干教师参加；在2018年成功申报立项"基于项目学习的小学创客教育校本课程研究"省级专项课题。

基于云平台的跨学科教研模式是不同科目的教师利用网络支持平台承载特定的教学目标而形成团队或合作伙伴的一种多学科合作教研模式，不单有灌输式地讲授，更是纳入经验分享、案例分析、合作探究等，突出参与性、操作性和体验性的教研活动形式。由此发展出的创客课程是创客文化与传统教育的结合，它以学生的兴趣为基础，运用数字化工具进行项目学习，倡导创新，鼓励共享，培养学生跨学科的解决问题能力、团队合作能力和创新能力。在跨学科教研模式下，首先，我们发现创客课程既要大范围的普及教育，也要小范围的精英教育（社团）。其次，我们要遵循教育的发展规律，几千年的"教"与

"学"的教育模式，是最有效且也是最合适的，不能让学生脱离教师的指引自学自用。再次，我们要结合实际，根据当下学校教学环境，学生实际的能力去设计课程。最后，我们要有一个认知过程，它更多的是需要考虑到将会给学生以后的发展带来什么样的影响。

"教育者，非为已往，非为现在，而专为将来。"伴随云平台的新理念和新技术不断涌现，跨学科地整合日渐深入，创客课程教学方式逐步被大家所熟知，这种革命性的教研方式将会加快教育信息化的速度。

愿与所有教育同人并肩携手，开拓奋进！

音乐学科教学改革

基于名师资源的行进管乐自主训练模式

自建校以来，学校努力践行"每个孩子都重要，每个成长都精彩"教育理念，在艺术教育方面始终坚持"高标准、高配置、高投入"，大胆实践，积极探索。学校在稳步发展全员性课程《暮韵》《午练》《女舞》的同时，2011年成立了管乐团，2014年成立了行进管乐团。学校定期邀请国内管乐专家、名师来校指导：荣艾国（中国行进管乐第一人，原中国人民解放军行进管乐编导，大校军衔）、黄建能（台湾管乐指导者联盟执行长，台湾行进管乐专家）、曹江山（沈阳音乐学院行进管乐系教师，行进管乐排练专家）、陈思旭（沈阳音乐学院行进管乐系教师，行进打击乐排练专家）、张咏竹（广东省中小学体育艺术教育活动管理中心培训部主任）、李复斌（星海音乐学院指挥、副教授）。

一、问题的发现

初期阶段，学校的行进管乐得到了快速成长。随着近几年学生管乐团新老队员交替，我们发现新一批的队员在训练过程中还是存在许多问题的。

（一）对所学知识的信息量把握不全

学生在进行乐团集体训练后，对所学知识的信息量把握不够。比如教师所强调的重点经常被学生忽略。学生在课上对于重点、难点碎片化的记忆阻碍了学生课后的自主练习。

（二）忽略姿势问题

乐器的持拿姿势一直是所有行进管乐团的大问题。在练习过程中，很多学生为了掌握音乐的某个技能，在专注练习时常常忽视乐器持拿的姿势问题。然而实际上当乐器持拿姿势出现问题且没被及时纠正会反作用于演奏水平，导致演奏水平上升受限。

（三）音准问题突出

学生在脱离教师的指导后经常意识不到自己所演奏的音乐出现了音准问题，有偏差甚至错误的音被孩子当成正常音反复吹奏，导致恶性循环的错误演奏，严重阻碍乐团的正常进行。

二、思考解决方案

（一）针对性资源建设

在授课过程中，我校教师对于一些曲子中重难点的内容或重复性内容，开始将乐团进行分组训练，并让学生观看微课视频进行学习。微课视频内容必须是在此专业领域中权威的、专业的、有示范性的内容。由视频中的教师和现场教师共同完成教学任务，发挥优质教学资源价值，并且实现了减负与增效，如：旋律声部的特殊处理、打击乐的分解练习、各声部的炫技等。

（二）基于微课的学生自主训练模式

由我校行进管乐团教师和聘请的优秀乐团教师合作制作教学视频，让学生在训练过程中，可脱离乐团专业教师的现场指导，如：在课堂中教师可只做行为、纪律方面的监督；选出一名学生作为小干部，指导其他学生观看视频学习；教师布置练习作业，由学生自主合作完成。这种学习方式提升了教师的价值，有效地解决了学生脱离教师自主学习训练出现的内容记忆不全、音准把握不好的困境。此教学法在我校校本课程"暮韵"中早有体现，现今也已成熟地运用于各类器乐教学中。

（三）具体思路与流程

首先，乐团教师明确分工，分谱、划重难点、制作微课、排练安排、作业反馈等工作都指定专门负责人承担。其次，学生任务清晰：小干部、声部长、练习流程、课堂指导等各步骤安排到人。最后，乐团教师与小干部、声部长在指定时间交流，讨论任务完成的程度以及练习时遇到的困难，再由乐团专业教师指导解决。

三、行动实施

（一）各声部分组及对资源进行有效配置

将各声部进行分组是进行系统教学的第一步，并在每组选出一个声部长，强调每次练习的重点以及对内容的完成标准进行检测。声部长按照专业教师布置的要求负责各组视频、微课的整理与播放，带领组内学生一起观看声部内的特殊处理、旋律及炫技，然后有针对性地做分解练习，声部长做初步检测。每次练习目的都以达到一个以上的目标为准，如果进度快可以完成多个。乐团内一旦分组明确，分工也就明确，教师对自己所布置的任务更加有针对性，学生对自己所要完成的任务也更加清晰、细致。乐团具体分工见表1。

表1

铜管组	小号、长号、行进圆号、行进次中音号、行进大号等。
木管组	单簧管、萨克斯、长笛等。
打击乐组	行进小鼓、行进大鼓、行进多音鼓等。
视觉表演组	旗舞和徒手舞蹈以及各种器械道具表演。

（二）总→分→总→分…→总的教学模式

与传统教学模式不同的是，乐团训练不再是每次上课都总体全部集中，而是集中一节课先布置要完成的任务，由分好的各组单独进行训练。其中每个声部的重点和难点将被突出地进行训练。在每个要完成的作品中，每个声部都会出现一至两次突出本声部的华彩部分。传统的教学和训练模式是集中学习、集中训练，不能很好地完成这项任务。我校在场地、师资方面都已逐渐为行进管乐团创设了条件且尽力解决。

四、成效与反思

在边实践边研究的过程中，我校管乐团在训练模式上成立了一套完整的体系，2018年1月"小学器乐表演式校本课程的实施研究"（2012GH044）的研究成果获第14届东莞市教学成果二等奖；"小学行进管乐训练模式的实践研究"（2016GH050）、"小学生行进管乐团体能训练的策略研究"（2017GH486）还在继续研究之中，旨在让学生在管乐团的整个学习过程中达到真正自主学习的目的，取代了传统的强迫式的训练。

随着研究的逐步推进，学生的学习积极性得到提升，如今报名管乐团的人数呈每年递增发展趋势，进入管乐团的要求也越来越严格，这样的良性循环让我校的管乐团在短短几年内取得了不菲的成绩：2013年6月，乐团组建初期参加东莞市少儿花会首获铜奖；2013年11月，我校管乐团在北京鸟巢举行的全国首届优秀鼓管乐团展演比赛荣获三个大奖，分别是全国银奖、优秀组织奖、作品优秀创作奖；2014年11月，我校管乐团在广东省第一届行进管乐大赛荣获广东省一等奖；2015年5月，室内乐团参加东莞市艺术展演（器乐类）比赛荣获东莞市一等奖；2015年6月，室内乐团参加广东省第五届中小学生艺术展演活动艺术表演类荣获三等奖，2015年8月，我校行进乐团参加在辽宁省大连市举行的全国第三届行进管乐大赛荣获金奖。2015年11月，我校行进管乐团在广东省佛山市举行的广东省第二届行进管乐大赛获一等奖；2017年5月，我校管乐团荣获中华号角第十一届上海之春国际音乐节行进类展演最高荣誉——"示范乐团"称号；2017年11月，馨韵萨克斯乐团荣获第九届华南地区管乐打击乐重奏独奏大赛一等奖，长笛乐团荣获二等奖。

乐团还多次受邀参加各种庆典嘉宾表演活动及校内重大演出：我校室内乐团受邀参加2013—2014中国女子篮球甲级联赛嘉宾表演，2013年10月受邀参加华南地区青少年活动基地奠基仪式嘉宾表演，2014年5月参加学校管乐童话节并进行压轴表演，2015年6月参加学校庆六一大型活动并进行精彩表演，2015年12月参加学校校庆晚会并进行精彩表演，2018年5月馨韵萨克斯乐团参演松山湖片区"片区联动梦圆松湖"六一嘉年华活动。这些活动都获得家长和社会一致好评。另外，2015年8月广东省音乐美术强师工程行进管乐展示活动在我校举行。

体育学科教学改革

基于大数据平台的人球交互智能足球训练模式研究

我校从2010年建校初期就明确校园足球运动为我校的特色项目之一。项目从普及和提高两个层面同时进行，一是开展面向全体男生的《足球》校本课程，以活动课形式在每周二、周四下午大课间进行；二是建立足球特长生培养体系。2016年我们开始引入人球交互平台，借助大数据和云计算等IT技术手段进行智能化足球训练模式研究，希望借助技术手段带给学生科学的训练方式及数据化的管理模式，让学生能时刻了解自己在足球上的成长轨迹，并不断加强自主练习能力。经过两年的探索和实践，我校已逐渐形成了基于大数据平台下的人球交互智能化训练模式。但我们深知，要让足球训练高效、科学，落实到每个学生，就必须进入训练中数据的应用层面，构建校园足球科学训练体系，分析球员比赛、测试的数据，发现问题并辅助于日常训练中，让学生真正达到技术向技能的转变，完成"训练型"向"比赛型"的突破。

一、问题的发现

足球训练的本质是在比赛中发现问题，通过大量的数据分析，找到问题存在因素，再回到训练中解决问题。但现实训练的现状却差强人意。

（一）学生/球员会"训练"却不会"比赛"

学生缺少情境应变（数据处理）能力，因为他们掌握技术，却不知道何时何地应用何种技术。在传统的训练过程中，为了取得比赛成绩，教练或教师要求学生有条不紊地练习基本功、体能及力量，让动作标准化、熟练化，使学生只会机械性地训练，而不会在比赛中通过情境判断运用合适的技术。

（二）教师/教练找到问题却无法科学分析解决问题

在训练和比赛过程中，教师或教练能够发现学生问题的所在，但无法通过科技手段清晰地分析和解决问题，使训练只能回归到盲目机械式的练习。

（三）训练时间与训练效果不成正比

校园足球训练的时间主要集中在放学后，现阶段教师或者教练仍通过传统的方式进行足球训练，训练效率偏低。

我们认为，通过数据化地指导，能帮助学校建立学生档案，完善足球评估素材，清晰展现教学成果；能帮助教练或教师，实现数字化展示足球教学成果，科学系统地进行足球人才选拔与培养，记录学生足球成长轨迹；能帮助学生实现数字化比赛，科学化训练。

二、思考解决方案

（一）收集学生训练的数据

2016年由我校与简极科技公司合作开发，依托大数据、云计算、无线通信等新一代IT技术手段，通过精确的球场定位系统、专业的运动轨迹演算进行实时记录，并用可视化图表呈现足球教学测试、比赛和球员分析等数据信息，辅助中小学教师进行数字化足球教学，构建校园足球科学训练体系和智能足球系统建设。两年来，由于研究的不断深入，系统也一直优化与磨合，使之符合我校的足球特色课程与校足球队训练需要。我校借助云端结合的智能教学支撑环境，在深度推进数字化网络课程资源建设的过程中，实现足球教学资源与学习资源的数字化和信息化；探索智能足球教学的常态高效训练模式，发展学生的独立自主学习能力和情境分析能力；与此同时，培养一批具有信息化领导力和足球领域先进教学理念的教练队伍。

（二）通过数据分析改善训练方式

倒推的训练设计让校园足球训练方式找到了新的方向。"倒推"也称为"反推"，是运用逆向思维将训练计划反向设置的一种训练模式，即通过数据的获取与应用从比赛中找出需要改善的主题，根据数据的分析将出现的问题转移到训练中，通过不断地练习，在逐渐提高难度达到比赛的要求后，再回到比赛的过程。而其中训练的依据则需要利用录制比赛视频、运动轨迹演算等技术手段查明比赛中出现的情况，从中提取数据与情况，再简化现状（分步），从简单发展到复杂的运动，最后，将练习置于真实的比赛场景中。

在此研究中，我校借助人球交互技术，恪守"教育为本、技术为用"的信念，遵循技术的外部效用（优化过程，提高效率，改变教育的现实条件和外部空间等）与目的价值（自由、全面、充分地发展人）相融合的原则，探讨实践基于大数据平台下人球交互智能训练的科学模式。我校以大数据为支撑，将训练内容、训练器材、足球课外书籍电子化，推广应用"微课程"技术，合理运用最新的人球交互性教学设备，对人球交互系统进行基于技术的改良，达到改变学生训练方式的目的，促进学生学习能力的发展。

三、行动实施

（一）训练环节的具体部署

信息技术的使用改变了以往足球训练的流程，改变了三组关系——"教"与"学"的关系，师和生的关系，资源和人的关系，具体见表1。

表1

训练前	训练中	训练后
训练前，以比赛场景为导向的资源建设与大屏幕导入。 文件发送：场景技/战术视频、导入电子化训练材料、战术教案等，保证先场景分析后进行训练。 学情掌控：学生自学并简单自测后一键上传，软件自动生成统计图表，保证教师以学定教。	以智慧云平台为手段的数据积累与应用。 人球交互功能：布置球场工作站（数据中转站）屏幕广播、球员传感器智能足球。 一对一功能：每名学生穿上带有传感器的训练背心，实时数据汇总至教练管理终端（专用平板电脑），终端平台（APP）呈现学生运动轨迹。 数据同步：现场数据监控，记录学生成长轨迹，汇总球队数据分析。	观看比赛视频回放，终端平台呈现学生、球队训练数据。学生进行总结。教练整理归纳数据至云端。

（二）人球交互数据分析的智能足球系统应用

1. 视频化辅助教学

（1）通过人球交互系统，教练在PC端导入电子化训练材料及战术教案，学生在手机端APP进行学习。

（2）教练拍摄低、中、高级动作（技术）视频，提供不同足球水平学生进行自主学练。

2. 数字化分析比赛

（1）进行现场数据监控：球场四周布置数据中转站，利用球员传感器采集训练/比赛中的跑动距离、心率、触球次数、传球/射门成功率等数据。

（2）学生数据分析：教练通过专用平板电脑分析学生训练/比赛数据，记录学生训练/比赛情况，设置相应位置的训练项目，加强学生弱侧项目练习。

（3）球队数据分析：教练通过专用平板电脑、PC端，分析球队总体数据，调整球队打法与战术体系。

（4）比赛回放：球场大屏幕随时进行比赛回放，教练针对性地解决场景区域出现的问题，重构比赛场景，使队员重现场景训练。

（5）球队管理：实现数字化管理球员资料库，收集整理队员个人信息、擅长位置、惯用脚、出勤率等资料。

3. 数字化水平测试

（1）测试项目：建立男足课程测试评价体系，根据水平设置相应测试项目，提供测试项目视频，说明测试场地设置及测试要求。

（2）学生测试：数字化提取学生测试成绩，并自动整理至云端，可供教师随时查看，导出学生测试成绩。

4. 数据化统计查询

（1）测试查询：通过大数据的提取与应用，自动化统计学生各项成绩平均分、合格率、优秀率等综合评分，方便教师进行查询。

（2）比赛查询：将比赛视频、队员/队伍训练数据上传至云端，可供教练随时查看分析历史比赛情况。

（3）学生/球队查询：系统分别记录球员和球队在日常训练中的考核成绩和比赛/训练的历史记录等数据。教练通过统计查询模块进行球员的成长分析，查看球队和队员的历史数据，数字化建立学生数据库、资料库。

四、成效与反思

2016年，富力切尔西足球学校东莞松山湖青训中心在东莞松山湖实验小学正式挂牌。在挂牌仪式上，松山湖教育局局长梁展鸿对此次合作寄予厚望。他认为，此次合作必将给松山湖实验小学的校园足球工作注入新的足球理念与科学化的训练体系。学校要借助这次机会，利用好这个平台，把校园足球工作推向一个新高度。富力足校将会把欧洲青训理念带入东莞松山湖实验小学，大力推动东莞校园足球的发展，也标志着我校青训体系正式进驻广东省东莞市，在扎根广东、辐射全国的青训模式布局下，进一步扩大了青训中心版图。

2010年建校至今，学校始终把足球课程作为一门重要的校本课程，不断完善评价体系。为将足球普及到全校每一名男生，学校通过课题研究推动课程的可持续发展。2012年成功申报立项的市级规划课题"小学校园足球游戏化教学实践研究"（编号：2012GH201）于2016年圆满结题，形成了一大批优秀成果，学校被评为"全国足球特色学校"称号；竞技方面，学校建立了一到六年级6个校梯队，训练人数及资源配备不亚于职业青训中心，在各级大赛中摘金夺银。例如，在2015—2017东莞市小学生校园足球联赛取得三连冠，在8年间获得U互动小学生5人足球赛东莞赛区冠军、大赛区冠军、深圳铁狼杯冠军、南粤登顶杯冠军。

校园是足球教育与梦想开始的地方，是学生与球交互的乐园。我们不应该被传统足球所阻碍，不应该让学生对足球的兴趣止步在机械化地训练中，不应该让学生对足球的创造能力凋谢在强调比赛成绩的环境中。我校以智能创新技术筑建的足球乐园正在寸积铢累，新一代足球运动员正在此环境中悄然成长。愿与所有教育同人并肩携手，开拓奋进！

第四篇

无痕教学智慧课堂的
实践成果

云互动课堂环境下"四学五明"
教学模式的应用研究

广东省东莞松山湖实验小学　李　芳

随着物联网、云计算、大数据等现代信息技术的日趋成熟，教室不断"升级换代"，由传统教室转变为学生人手一台平板电脑的数字化教室。黄荣怀等人认为在传感技术、网络技术、富媒体技术及人工智能技术充分发展的信息时代，教室环境应是一种能优化教学内容呈现、便利学习资源获取、促进课堂交互开展，具有情景感知和环境管理功能的新型教室，这种教室在"粤教云"计划中被称为云互动课堂。

东莞松山湖实验小学于2012年底率先建设了云互动课堂教学环境，搭建了云互动课堂教学支撑系统专用平台，实现了教与学资源的集中管理与统一使用，方便了校本资源的共建与共享，为教师创新教学模式，学生开展个性、自主、探究学习提供了可能。云互动课堂的应用培养了学生独立观察、主动思考和良好的沟通表达能力，使学生能够独立发现问题、构思问题解决方案、归纳总结知识并加以综合运用，并且逐步形成了一种以学生为中心、以培养学生创新性思维能力为目标的新型信息化课堂教学模式，即"四学五明"高效课堂教学模式。

一、"四学五明"高效课堂教学模式

东莞松山湖实验小学的云互动课堂采用了"33云课堂"教学支撑系统，该系统将信息技术与课堂教学相结合，打破了呆板的封闭式系统模式，提供一种全开放式教学管理应用平台，支持全开放式的教育模式，改变了当前的教学理念和方式，形成了新的评价体系。

在不断完善云互动课堂教学环境的基础上，学校层面提出了"一模三核六策略"的"无痕教学·高效课堂"应用模式，其中"一模"主要是指"四学五明"高效课堂教学模式，该模式为全体教师的课堂教学提供了一个具有导向意义和操作指导作用的框架和结构。下文主要对"四学五明"高效课堂教学模式进行分析。"四学五明"高效课堂教学模式见图1。

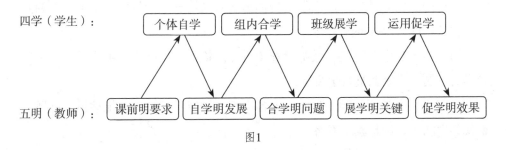

图1

（一）核心思想

"四学五明"是一种教学流程，也是一种教学方法，其核心含义是建立以学习为中心的教学创造，目的是让学习变成一种学生与教科书、同伴以及自己的相遇和对话，整个学习过程是师生基于对话的冲刺与挑战。"四学五明"关注教师的"教"，更关注学生的"学"；注重学习目标，更注重学习过程；强调自主学习，更强调小组合作；关注学习方式，更关注学习效果。"四学五明"让学生在学习方式上从各自呆坐的学习走向活动性的学习，从习得、记忆、巩固的学习转向探究、反思、表达的学习，在教学方式上表现为从传递、讲解、评价的教学转向出发、交流、分享的教学，努力让"教"与"学"形成和谐的奏鸣。

（二）基本结构

"四学五明"高效课堂教学模式主要有两个部分，一是学生的"四学"，二是教师的"五明"。

1. 学生的"四学"

学生的"四学"包含四个步骤。

第一步，个体自学。学生根据学习指引进行自学，预习自己能够解决的问题，标注出疑难问题；

第二步，组内合学。学生以小组为单位，在组长的组织下，组员提出学习问题，通过组内小展示的形式解决部分问题；

第三步，班级展学。学生各小组派代表进行班级展示活动；

第四步，运用促学。学生完成检测纠错并整理纠错本。

2. 教师的"五明"

教师的"五明"包含五个步骤。

第一步，课前明要求。教师通过学习指引出示学习目标，并进行简单讲解，让学生明白学什么、怎么学。目标解读时先请学生读目标明要求，然后让学生尝试解读，教师补充引导；

第二步，自学明进展。教师检查预习完成情况，明晰学生组内学习过程中暴露的问题并适时调整教学策略；

第三步，合学明问题。教师深入各小组，了解学习情况，梳理核心问题，查找共性问题，调整教学策略；

第四步，展学明关键。教师有针对性地对本节课的学习内容进行梳理、丰富、贯通，对学生的展示做简短评价，对关键知识点进行点拨；

第五步，促学明效果。教师总结学习情况，梳理知识要点，掌握学生学习效果，对达标情况做到心中有数，记录普遍错误，调整教学思路，为安排下一步学习活动提供依据。

（三）评价标准

在云互动课堂实施之初，松山湖实验小学首先分析出目前课堂行为哪些是有效的，哪些是无效的，通过分析，结合"四学五明"实施的基本流程，学校层面编制了"四学五明"高效课堂教学模式的评价标准，见表1。

表1

评价维度		权重	评价标准	得分
学生	个体自学	20	任务、目标清楚，程序清晰，自学积极主动；自学时间充分，学习状态好，保持教室安静	
	组内合学	20	参与面广，锻炼充分，分工明确，组织有序，任务清楚，话题集中，认真倾听，正面评价	
	班级展学	20	声音洪亮，语言规范，观点明确，讲究证据，积极思考，敢于质疑，认真倾听，正面评价	
	运用促学	10	掌握良好，正确率高，及时反馈，及时纠错	

评价维度		权重	评价标准	得分
教师	课前准备	5	学习指引编制合理，学习目标准确，学习步骤清楚，情绪饱满，提前候课	
	组织调控	10	对学情的了解、掌握全面； 课堂组织有序、调控及时有效	
	讲解点拨	10	非常有针对性，能解决全班普遍存在的问题；语言清晰、生动，有感染力	
	评价鼓励	5	与共同体建设高度融合，善于发现正面典型，通过表扬等手段激励、引导全班同学	

云互动课堂环境下的"四学五明"教学模式与传统课堂教学模式有较大区别。上述评价标准可以对学生"学"的行为和教师"教"的行为进行评价，从而更好地突出学生的学，更好地促进教师课堂教学转型，引领教师不断提升云互动课堂环境下"四学五明"教学模式的应用效果。

二、"四学五明"高效课堂教学模式在学科教学中的应用效果分析

长期以来，课堂教学大多采用传统方式进行，以教师为中心，以灌输式、主宰式、一言堂式为主，这种教学方式过分突出了教师的主导作用，严重忽视了学生的主体地位。新课程学生观要求教学关注学生生命成长和完整发展。云互动课堂环境下"四学五明"教学模式强调学生的主体地位，教师只是学生学习的指导者和帮助者，契合了新课标对教学的要求。为了解云互动课堂环境下"四学五明"教学模式的应用效果，本研究编制了云互动课堂观察量表，并对应用"四学五明"模式的语文、英语两节课例进行分析。

（一）研究工具——云互动课堂观察量表

首先，教学目标是教学活动实施的方向和预期达成的结果，是一切教学活动的出发点和最终归宿。因此，教学目标的达成度是观察和分析的重点。此外，课堂教学评价需要关注教师行为、学生行为、师生互动以及教学情境、教学资源等因素。在充分关注以上观察点的基础上，笔者设计了云互动课堂观察量表，见表2：

表2

教学目标	评价方式	时间	媒体和资源			课堂氛围	教师活动	学生活动	评价检测结果	目标的达成度				
			媒体	资源	利用形式					I	II	III	IV	V

（二）课堂观察结果

本研究随机选择了云互动课堂环境下采用"四学五明"教学模式的两节课进行观察，分别是四年级语文课《搭石》和五年级英语课*My Birthday*。共有8名观察者参与了课堂观察。综合8名观察者的课堂观察量表，本文总结得出语文和英语这两节课例的课堂观察结果，见表3。

表3

课例观察点	语文学科《搭石》	英语学科*My Birthday*
教学目标	有感情地朗读课文，感受乡亲们默默无闻、无私奉献的精神，体会平凡的事物和简单的事情中蕴含的美；通过学习课文的写作手法，写一写身边的感人事例	能听、说、读12个月份的名称，能够就月份进行四季划分并掌握季节词汇，掌握句型：Is his birthday in...Yes, it is / No, it isn't. What's the date? It is...
评价方式	小组汇报、课堂提问、客观题（单选题和多选题）、平板电脑操作题和主观题（写作练习）	课堂提问、对话练习、主观题（简答题和写作练习）、客观题（单选题）
媒体	电子白板、平板电脑和评测诊断系统（单选题、多选题、学生附件、分享学生屏幕、实物投影）	一体机、平板电脑、耳机和评测诊断系统（单选题、客观题、学生附件）
资源	纸质教材、PPT、图片、电子文档、视频、笔、纸、黑板、粉笔	动画、PPT、图片、音频、黑板、粉笔、纸和笔
课堂氛围	认真投入，争相抢答，部分学生略显疲惫	气氛热烈，学生认真投入，争相抢答

续 表

课例 观察点	语文学科 《搭石》	英语学科 *My Birthday*
评价检 测结果	（1）有3个小组进行了发言，都能正确找出相应句子； （2）85%的答对率； （3）有3名学生朗诵了自己的作品，教师给予赞扬； （4）74%的答对率； （5）有2个小组展示汇报了自己的作品，教师未给予评价	（1）4名学生起来回答问题，均回答正确； （2）3组学生进行对话，教师给予积极评价； （3）单选题中第3题有2人答错，其余全体学生均回答正确； （4）学生均能流畅朗读重要句子5，教师对3名学生作答情况进行评分，只有1名学生全部答对，其余2位学生均答对一半； （5）教师点评了2组学生作品，虽有小错误，但也有亮点，值得肯定
目标的 达成度	教学目标的达成度多数达到等级I"达成度很高"，少数教学目标的达成度为等级 II"达成度较高"	教学目标的达成度均达到等级II"达成度较高"，部分教学环节教学目标的达成度为等级I"达成度很高"

三、总结和反思

云互动环境下"四学五明"教学模式是一种高效、互动的课堂教学模式，是信息化教学创新模式研究的重要成果之一，也是信息技术与教育教学深度融合的良好体现。尽管本文通过课堂观察初步验证了该模式的应用效果，但是"四学五明"教学模式的应用仍存在一定的局限性，它要求学生必须具备一定的自主学习能力和自控能力，对学生自身的素质以及对云互动课堂环境的适应和掌控能力提出了较高的要求。因此，我们还需要在实践中不断总结、探索与提升。

从分析结果来看，云互动课堂环境下"四学五明"教学模式在学科教学中的应用效果良好，具体体现在以下四个方面：

第一，教学目标达成度高。教师通过学习指引设置了清晰明确的教学目标，符合学生认知特点。学生围绕学习指引进行协作学习。教师观察学生交流讨论情况，对讨论方向出现偏差的小组进行及时引导，使得小组的交流朝正确方向进行。在小组汇报展示时，教师对比学生的不同观点，发散学生的思维，引导学生达成教学目标。

第二，课堂高效互动。从师生互动角度来看，教师在课堂中提出问题时，学生们积极思考、争相抢答、气氛活跃。从生生互动角度来看，当教师设置了小组合作学习环节时，小组成员间积极互动，使得个人知识构建变成了集体知识构建，对欠缺知识构建能力的学生而言，起到了很好地促进作用，解决了优秀学生难以融入集体并与其他学生交流沟通的问题，也带动了后进生积极参与小组协作学习，增加后进生的学习热情。

第三，课堂评价方式多样、反馈及时。班级展学是实施课堂评价的重要环节，运用促学是教师检验学生们学习效果的主要环节。教师通过云互动课堂测评系统，设置选择题、判断题、主观题，快速收集学生的作答数据，经过数据分析和处理，检查学生知识掌握情况。从课堂观察结果来看，教师做到了把评测重点放在"促学"上，通过测评掌握学情，在讲解题目的过程中帮助每个学生理解和掌握知识。

第四，教学资源丰富多样。云互动课堂环境下"四学五明"教学模式充分利用教学环境集成的多种资源，有效促进教学目标的达成。从课堂观察结果来看，教师在教学过程中既采用了传统的纸质资源，也采用了实物投影、图片、视频、幻灯片等形式的数字资源。教学资源在课堂教学中的使用给教师的"教"与学生的"学"提供了极大地便利。教师对这些数字资源的灵活应用，充分调动了学生的各种感觉器官，使课堂形式变得丰富多样，提升了教学效果。

借力"四学五明" 激发学习内驱力

广东省东莞松山湖实验小学 杨红菊

随着课改环境下智慧课堂的深入推进，"四学五明"逐渐成为一套完整而又成熟的教学流程。"四学五明"新模式立足于课堂整体，针对教学过程中的主体，提出调动学生积极性的"四字方针"：导、奖、诱、逼，对于学生的课堂学习的积极性、能动性、创造性有显著的正向引导作用，提高教学质量，对学生全方面发展起到积极的影响。

一、"四学五明"教学模式本体的价值

段利娟在《如何调动学生课堂积极性》中对于从主体角度的积极性调动问题这样说道："教师与学生，教与学，是教育活动中最基本的一对关系。"我们从主体角度思考调动课堂积极性的问题，实质上就是在平衡教师与学生，教与学主体的关系。"四学五明"是一套完整而又成熟的教学体系，它本身带有开放性、能创性。

（一）个体自学本体积极性因素

个体自学即学生作为学习的主体，在教师未正式授课时自主带着问题借助教材全解进行预习的能动性过程。通过个体自学活动，学生主动性地去了解文本、熟悉文本、深入文本，在课堂上也可以胸有成竹地去思考、去感悟、去体会。当教师讲解到某一问题时，学生就可以带着自己的感悟去理解、去感受不同的观点、不同的角度；遇到自己不懂的问题，就会有很深刻的记忆。因此，我们说，个体自学就是学生主体创造性的过程。

根据课堂经验，我们认为通过不断向学生强化课前个体自学的重要性，促

使学生养成课前自学的习惯对学生的发展有深远的影响。一般自学阶段把每个问题都扎实搞透的学生，在课堂上会对问题理解得更深刻，对知识点也会记忆得更加扎实。长此以往，学生会对很多问题都有自己的思考，这是培养他们养成独立人格的基础。

（二）组内合学本体积极性因素

组内合学即学生根据教师课堂上的提问进行小组讨论，主要有以下流程：首先是对子对学，"对子"即人数为偶数的小组内前后桌两两组合或三三组合成为互帮互助的小团体来共同促进。对子形式主要表现在一课时解决字词问题环节，通过对子对学共同分享学习成果。字词学习过后课堂一般进入梳理课文大意或阅读感受文本环节。此时，课堂进入小组合学环节，一个小组结成整体，共同探讨研究教师布置的合学问题，这些问题一般是值得深入思考的文章内关键性的问题或是关乎文章主旨大意、思想感情的问题。学生在预习时已经自学了，集体讨论中先个体自学整理一下自己的汇报发言内容，在组长的组织下再集体讨论，拿上笔和书在听汇报时及时补充自己的笔记，"好记性不如烂笔头"，不能当过耳就忘的听众。最后小组内选出一个人进行汇报展示组内学习成果。

通过小组合学的方式，很明显，我们让班级内每个学生都找到了自己的位置，他们各司其职，日益精进。这种放手让学生思维、想象的课堂模式具有相当大的积极性。通过课堂实例来看，学生习惯于组内合学的学习方式，有助于培养个体的团队精神，以及对待问题的开放性态度：每个人可能有不同的看待问题的视角，答案就不再是唯一的。同时，学生知道事物本来就有很多面，学着多面、多层次去思考才是最接近答案的方式。

（三）班级展学本体积极性因素

班级展学即各小组派出组员展示自己的思考与疑惑。展学一般遵循"展学五字诀"："补、疑、知、总、读。"

"补"是"我有补充……"，抓关键词句来进行补充发言。"疑"是"我有疑问……"，针对发言，提出自己深层的疑问。"知"是"我知道……"，从写作方法的角度进行分析。"总"是"我来总结……"，总结一下大家的发言结果。"读"是"我来读一下……"，通过读来展示体会的结果，读出感受，读出理解，读出感情，升华对文本的认识。

班级展学，实质上就是学生在厘清自己的思路，在训练自己表达的同时，慢慢懂得站在自己的立场上倾听别人的观点，补充自己的思维结构。然后学生通过辨别不同的思维层次，自觉地进入总结环节。这样学生在展学环节收获的就是思维能力的提高。学生主体在教学过程中也会日益感受到自己思维能力的进步，他们就会日益积极主动地参与到课堂中来。

（四）评测促学本体积极性因素

评测促学即教师在课堂上或课堂之后为了巩固学生的学习成果或是为了检测学生的学习水平，通过试卷或家庭作业的形式对学生采取的一种考核方式，采用考察的手段对学生的学习效果进行检查，也通过检测的方式督促学生。通过这种方式，学习效果较佳的学生会对学习的积极性与兴趣更高，学习效果较一般的学生会积极主动地去努力表现更好。教师也会借此对学习比较懈怠的学生采取各种方式激发其对学习的兴趣。

二、巧用四字策略，提高课堂效率

美国心理学家特尔福特德认为："驱使学生学习的动机有两种：一种是社会动机，一种是荣誉动机。"本文所提出的"四字策略"也很好地呼应着社会动机与荣誉动机。

我们说，提高学生的课堂积极性不仅具有重要性，还具有必要性。教师作为教学活动的主体，若是意识不到从自身以及学生主观方面点燃学生的积极性，使学生对课堂失去了兴趣，那么对积极性、能创性要求相当高的教学活动的教学效果自然就会大打折扣。从另一方面讲，学生的积极性是整个教学大环节中相当重要的环节，它是将学生主体意识以及思想情感与教师教学工作安排与技巧衔接在一起的桥梁。只有做好这一工作，学生才会主动跟上教师的脚步，主动地将整个身心投入学习生活中，去跟着教师的思维学习与进步。因此，我们说，提高学生的积极性是很重要，也是很必要的一件事。我们根据大量的课堂实例，根据课堂上学生的反应与表现，概括提炼出高效使用的四字原则：导、奖、诱、逼。

（一）导

一般想让学生积极发言，我们都会先做思想工作。因为思想动员工作做到位了，学生的内因就解决了，他们就有了行动的欲望。我们经常对学生做思想工作，给他们讲积极发言的好处，如：锻炼自己的表达能力、思维能力，提升自己的语文组织能力，增强自身的勇气，等等，让学生从心底里明白积极发言是利己的行为，不发言有很多坏处，这样至少会让想积极上进的学生把握机会积极发言。

（二）奖

奖励制度是每个教师都会使用的，但使用是否恰当大有学问，既不泛滥，又能恰到好处地激发学生的参与热情。在课堂上，凡是能自动站起来发言（包括补充、质疑、反驳、纠正等）的学生，我都会奖励一朵花给他。当然刚开始，还是有很大一部分学生不敢站起来说，我个人坚信"重赏之下，必有勇夫"，对大胆站起来说的人奖两朵花、三朵花甚至五朵花不等，而对掌握了训练要领，又大胆又实践正确的，我有时还会一下子奖励一把花。还记得第一次对朗读的学生进行指导，我反复强调他们总是不得要领，那一次一个学生领着全班读了，另一个学生站起来说大家没读好，应该怎么读，他先示范再领着全班读，我一下子奖励了那个学生一把花，近十朵，当时，全班发出了惊叹声，我顺势大力表扬了那个站起来大胆说别人读得不好重新领读的学生，因为我要让全班学生深深认识到杨老师要的就是这样的朗读指导。从那以后，学生自行组织的朗读像模像样了。总之，每一个环节，我们需要学生达到怎样的状态，在刚开始少不了一定的奖励机制作为推手的。

（三）诱

上面的两种方法是针对平时的常规课堂，遇到特殊情况，如要对外展示汇报的课堂，我会提前进行动员，许以承诺，诱以特殊的奖励措施。比如：有时上展示课，我会承诺学生课堂日得分不是一节课只得一分，而是三至五分不等，如果都表现好，小组没有当堂获胜也可得一分或两分。分数的获得靠的就是发言来累计，我累计的不是发言人次，而是发言小组参与的人数。这样，就在开放日课堂一结束出现了两个小插曲，第一天语文课下来，一个小组的成员批评组员，说他霸着话筒，抢了小组其他成员的发言权，导致小组参与率低。第二天数学课下来又有四个哭了，因为在课堂上他们没有抢到发言权没发过言，影响了小组参与率。总之，在各种诱哄下，学生会抢着发言，生怕自己在课堂上没有发言，组员会推着胆小的大胆发言，这样一来，就不用担心课堂上学生发言不积极，更不用担心课堂参与率了。

（四）逼

"导、奖、诱"三种办法下来，还是有一些胆小的学生不参与，也有一些学生没有认真倾听别人的发言导致自己不知发言说什么。针对这两种学生，我用特殊的方法——逼，逼着他们发言。例如：我检查学生预习课文情况，看到一个学生的批注很有思想，可是语文开放日当天，他竟然没有在课堂上发言说出他的观点，别人都没有说到他的批注观点，他是有绝对的发言权的。我在对开放日语文课堂进行小结时，把他狠狠批评了一顿，同时对课堂上没有发言的学生进行部分点名批评。

对于不参与发言的学生，另一个办法就是小组内逼。我给学生讲"10<8"的道理，我说一个人发言10次，小于小组8个人发言8次，因为一个人发言多会导致小组参与率低，我的加分统计是按小组参与发言人数来算的。因此，有些不爱发言的，小组同学会要求他发言，甚至教他怎么说，推他起来发言。

经过不断地强化，四字原则就形成班内不成文的规矩，成为学生的习惯。这样做的优势开始显露：

第一，学生可以养成很好的课堂习惯。学生慢慢开始自觉地克服胆小、不敢发言，开始有意识地抓住老师给的机会，提出自己的想法并和老师、同学去积极探讨，补充自己的思维，慢慢地，学会了多角度看待问题，学会了学习，学会了思考。

第二，学生可以养成良好的个人品质。我们说的"四字方针"是"四学五明"背景之下的"四字方针"。也就是说，"奖""诱"政策多少与小组有关。学生为了让所在小组获得更多的奖品以及荣誉，也会积极主动地将自己投入课堂之中。这时候学生的角色就成了小组成员。日复一日，学生就会养成团体意识以及集体荣誉感。

第三，教师的教学活动会推进得更快。教学是一个互动的过程。学生积极主动，就会给教师提供无限的灵感。教师就有可能让课堂变得生动开放，学生就会愈加对这门功课和这位教师有兴趣。这样就形成了一个良性的循环。

第四，教学效果会更显著。学生学得愉快，就会把课堂和功课当成一种有趣的探索，对每个知识点都充满了好奇。教师也会感受到学生的这种正向的情绪。在学生的配合下，教师会更加轻松欢快，教得更加开心。教学效果就会显现出来。

三、总结

基于智慧课堂的"四学五明"新型课堂，是以生为本的课堂，是以学定教的课堂。这样的课堂教学具有很强的操作性、开放性、生成性和能创性。它对学生的课堂积极性具有正向引导作用，使学生处于一种积极、主动学习的状态。另外，这样的课堂教学极大地开掘学生的潜能，集"听、说、读、写"四个语文能力于一体，并通过"视、听、触"等多种感觉器官的参与，从各个角度全面调动学生学习的"内驱力"，变"要我学"为"我要学"，打通"我会学"到"我学会"的"任督二脉"，让学生在课堂中体验成长的快乐，收获成功的喜悦——真正实现教师"乐教"、学生"乐学"的境界。

论"导—学—练—测"教育模式实现
"先学后教"的高效课堂

东莞松山湖实验小学　文艺术

20世纪70年代末邱学华在倡导的"尝试教学法"中提到"先学后教"这一概念。这种教学模式符合当下新课程改革理念，契合学生自主、合作、探究的新型学习方式，所以快速地在全国范围内得到广泛传播、推广以及运用。"以生为本"，促进学生全面发展，提升课堂教学效果是一线教师的不懈追求。所以无论是从"以生为本""终身学习"的角度来看，还是从素质教育的高度来看，实施"先学后教，以学定教"教学模式都是十分迫切的。

模式但不模式化。伴随着"先学后教"的教学理念，"导—学—练—测"的教学模式在某些地区广泛开展起来。我通过学习和实践这一教学模式，体会到想要全校实施好这种教学模式，必须先从根本上转变教师传统的教学观念，只有教师从内心接受这样的教学模式，才会从备课入手转变自己传统的课堂教学模式。下面我就四个方面内容浅述自己的心得。

一、走出"先学"的误区

"学"指的是"先学"，我起初对"先学"的解读就是指预习，其实这只是一小部分，并不是关键的和主要的。"先学"最关键和最主要的是在课堂上解决每一个知识点时的学习过程，通过导学问题的设置。学生进行自主合作学习，这部分才是高效课堂最主要和关键的环节，也是"导—学—练—测"教学基本理念——"先学后教，以学定教"的核心所在。

二、学生自主合作学习的训练

我走出"先学"的误区之后，才意识到想要将"导—学—练—测"教学模式在学生课堂上高效实施，就必须做好学生自主、合作学习的训练。自主学习指的是学生能够自己独立完成预习任务；合作学习是学生之间进行探索共同解决学习中产生的困难。学生只有预习了，才会对本节课将要学习什么内容有一定了解，才会知道自己已经学会了什么，还有哪里没明白。小组合作学习是课堂落实"导—学—练—测"模式的关键环节，如果小组合作学习进行得不好，那么这节课就会上得很累，学生的"学"就会变成教师的"讲"，主动变成被动。所以，我在平时或者课下有时间就训练学生进行小组合作学习。小组合作学习可以按照不同阶段进行不同方式训练，我安排理解快的学生先发言，再让理解慢的学生发言，等学生们都知道如何进行小组合作学习之后再让中等和慢的学生先说。这是一项长期的任务，需要我们坚持耐心地指导和培养。

三、教师备课中导学问题的设计

教师备课一直都是课堂高效进行的一个重中之重。"导—学—练—测"教学模式要求教师在备课中设计合理、高效的导学问题。起初，我在设计导学问题时出现过无效的导学问题，所谓无效的导学问题就是学生通过讨论无法实现教学目标，问题的设置跟所要解决的教学目标不是相辅相成的，学生学得模糊，教师教得吃力。如何设计合理、高效的导学问题，我想说一下自己的理解。①导学问题必须在学生已有的经验的基础上确立。在明确学生要学习的内容后，教师要回想学生在这方面有哪些知识学过了，或者有哪些生活经验与之相关，把这些联系起来才会使学生更容易接受，更容易学。②导学问题设置得要具体，不能泛而空。导学问题要能"牵一发而动全身"，在学习这个问题之后，其他问题也能迎刃而解。③导学问题要有思维含量。导学问题的设定要有利于思维方式、思维模型的发展，培养学生能够碰到类似问题，借用学过的方法进行自学的能力。

四、发挥教师作用——及时准确点拨

在学生学过之后，课堂上教师要发挥自己的作用，及时做出准确点拨或者总结。这样才能给学生加深印象，留下知识的痕迹，不会让"学"付诸东流。这就需要教师在备课时预设可能出现的情况，对自己学生需要充分了解。当学生们在课堂上进行讨论学习时，教师需要深入学生中，留意他们的发言，发现他们的问题，有了高效地点拨和指导，才会有高效"学"的产物。

"导—学—练—测"教学模式改变了教师讲、学生听的单调、枯燥的课堂形式，学习方式多样化，使学生的听、说、读、写能得到充分地锻炼和培养。课堂上教师轻松，学生主动爱学。最后的检测更能及时实现效果反馈，发现问题及时纠正，指导强化。总而言之，"导—学—练—测"教学模式能够真正实现学生主体、教师主导的新的师生作用，使师生之间呈现出和谐、默契的关系，使课堂活跃、生动，最终实现"学生学得快乐，教师教得轻松"。

智于"学"　慧于"展"

——基于智慧课堂"展学"的实践与思考

东莞松山湖实验小学　杨红菊

课堂展示是小学语文课堂教学中必不可少的环节，也是我校智慧课堂建设"四学五明"重中之重。课堂上，展示的主体更多的是学生。智慧课堂模式下的"展示"，是基于充分自学情况下的师生对话、生生对话，是思维碰撞促成知识构建、互动生成的学习过程。"展学"即是满足学生个体自我实现的需要，又能够进一步优化课堂交际环境，深化课堂多边对话，生成课堂多维亮点，从而有效推进课堂进程。

一、引言

"四学五明"教学模式由两部分构成。一部分针对学生的"四学"，即"个体自学、组内合学、班级展学、考核促学"；另一部分是针对教师的"五明"，即"课前明要求、自学明进展、合学明问题、展学明关键、评测明效果"。这种课堂教学模式，一是遵循了"先学后教"的原则，从教学程序上支撑"以学为核心"，保证"学"走在"教"之前；二是促进了教师对学情的跟踪了解，使"以学定教"有了实实在在的基础，而不会成为一句空口号；三是保证了学习过程中学生的自主性、能动性，让自我学习、小组学习、展示学习、达标学习等方式构成丰富而生动的学习过程，为实现知识与能力、过程与方法、情感态度与价值观的三维目标创设了良好的环境。

随着我校以"四学五明"为模式的高效课堂的推进，现有课堂模式的弊端日趋明显：课堂分外热闹，教师游离"语文"之外且形式多样，让人眼花缭乱。学生一节课下来，与遵循的"一课一得"渐行渐远，离"提升语文素养"亦是"南辕北辙"。于是，我们在平时的课堂实践中，常常遇到各种各样的棘手问题，不得不深入思考：怎样让课堂活起来？怎样让学生的学习充满主动性与思维活力？怎样让学生的高阶思维得到发展？基于这样的考虑，笔者通过大量地实践，并继续以"四学五明"为课堂教学的基本模式，以"展学"为抓手——为学生搭建展示的舞台，提供充分的展示机会，给予学生充分的"说"与"表达"的时间，努力将课堂还给学生，竭力将"讲台"让位给学生，让学生在具有深度研究价值的学习活动与交流中促进学习，从而在展示中重构知识体系，全方位、多角度推进课堂教学改革，为发展课堂新内涵另辟蹊径。

二、智"学"慧"展"谱新曲

（一）以教定学——基于外在形式与文本内容的"展学"

笔者以三年级为研究对象，结合三年级学情特点，以"以教定学"为抓手，制定预习"四步法"——读、找、批、想。

预习第一步：读。

（1）读两遍课文，标上自然段序号。

（2）读通、读顺、读准。

预习第二步：找。

（1）用荧光笔画出带有生字的词（三年级参考书后面的词语表），边画边读。

（2）用荧光笔画出好的四字词语和叠词，边画边读。

（3）找文中方括号（［　］）注音的多音字，在课文空白处写出来。

预习第三步：批。

批注1：根据问题在文中找答案做批注。批注方法：我了解到……

批注2：带修辞手法的句子（用横线画）。批注方法：修辞方法+我感受到……

批注3：情感性的句子（用横线画）。批注方法：（　　）描写+我感受到……

预习第四步：想。

（1）思考课后习题：用便利贴作答。

（2）文中不理解的地方，用红笔进行标注、打上问号＿＿＿＿＿？

预习"四步法"的优点：能条理清晰地展现学生自学过程，让学生初步感知文本内容，提出有一定思维含量的疑问。通过实践，学生的"展学"亦是围绕字词、文本内容展开。

三年级的孩子还比较小，阅读量不够，以至于他们的语言比较贫乏，再加上他们的思维没有一定的深度和广度，以及他们的胆子较小，所以在展学的时候，补充、质疑这一环节出现了冷场的状态。经过不断地探索与摸索，笔者进行了尝试：

第一步，练胆。既然他们的胆量不够那我就先练胆。于是在课堂上我就先让学生进行朗读的展示。由此发现在读的过程中，因为有内容，不用组织语言，很多孩子都敢于大胆地去表达，效果还挺不错的。

第二步，练批。接下来我在说的内涵、说的内容、说的深度和广度上下功夫。要想让学生说得透彻，我们必须对学生预习时的批注进行指导。因此，我对孩子们进行批注的详细指导，结合自己的经验给孩子们制定了一个批注的流程。批注流程分为下面这六步：一看问题，二读课文，三找答案，四画横线，五看《全解》，六写批注。我在课堂上结合具体的课文对学生进行一步一步地批注指导，尤其着重指导了如何看教材《全解》，借助教材《全解》这根拐杖来丰富学生的语言，规范学生的语言，也让孩子们能够说得全面，说得透彻，说得深入。

第三步，练展。接下来，我让孩子们进行现场的展学操练。一个孩子上来展示，另外的孩子在台下进行补充、质疑、纠正等。我给学生适时地指导补充方向，质疑内容，纠正对象。

经过两节课的实际批注指导，加上一节课的操练，笔者发现孩子们再也没有以前那种冷场的状态了。当然在整个过程中，适当的激励是让他们积极起来的有效办法。

"以教定学"就是以教材文本内容为教学内容，以教材的课后习题为课堂"展学"内容。考虑到三年级学生学情的特点，我们确定将"展学"的内容以学生课前自学所做的"批注"为主，而"批注"亦是围绕课后习题或教师给学生提出的核心问题。通过"以教定学"的实践，我们发现，三年级学生已经掌握语文学习的基本方法，知道拿到一篇课文该从哪几个方面进行学习。但是这种"削足适履"的方式并不是我们的期许。因为"以教定学"的弊端及诟病完全将学生的"主体性"给泯灭了——"教"完全支配控制了"学","学"无条件地服从"教"。这样的课堂教学，其结果只能是教学单一体，使学生的自主性、创造性缺失，主体性被压抑。"以教定学"只是我们前进路上的一块试金石。

（二）以学定教——着力表达方法与语用实践的"展学"

自《义务教育语文课程标准（2011年版）》实施以来，无论是教材编写体系还是教学方式方法，都在革故鼎新。从有效课堂的落实到高效课堂的追求，从高效课堂的延伸到智慧课堂的引入，无不体现着新的教育教学理念——自主、合作、探究的教学模式。课标强调以学生为主体，教师为主导。真正把这一要求落实到课堂教学中，就必须强调学与教之间的相辅相成关系。以学定教不是单纯地为学生补漏，为学生固化知识体系；而是要根据学生的年龄特征、认知水平、知识结构、理解能力等去构建课堂，重组教学环节，提高学生的学习能力。

基于"以教定学"带来的弊端及诟病，笔者又以四年级学生为研究对象和实践群体，较之前三年级的预习"四步法"的基础上再向前走一步——主要在原来"想"的基础上做文章。以下为四年级预习"想"的要求与步骤（前三步与三年级一样）：

预习第四步：想。

（1）问自己六个问题，把自己的疑问写在便利贴上贴在课文后面空白处。

①问内容：文章写的什么内容？

②问方法：作者运用了哪些写作方法或技巧，为什么这样写？

③问关键词：

a. 关键词是什么意思？

b. 关键词在这里有什么好处？

④问重点句：

a. 这句话怎么理解？

b. 句子中的关键部分是什么意思或有什么含义？

⑤问特殊标点：

a.省略号（这里的省略号表示什么？）

b. 破折号（这里的破折号表示什么？）

c.感叹号（这里为什么要用感叹号？）

d. 引号（这里为什么要打引号？）

⑥ 问文中空白点：

a. 问提示语的空白（想象说话者有什么样神情、心理、动作？）

b. 问内容上的空白（通过想象，这里还有什么未写的内容？）

（2）整理自己的经典之问并写下来。

从上述的"想"不难看出，我们的"学"与"展"已经有了较为明显的改变——着力于文本表达方法与语用实践的"展学"，这就无限接近"语文课程"的宗旨了。

而且，一节课的合学问题就围绕学生集思广益、删繁就简、整合归纳而来的"经典之问"进行深入地讨论，并在课堂上展示。

如何在展学中点燃学生的激情，提高学生的发言率呢？笔者发现学生们在展学汇报过程中缺乏紧凑感，发言衔接不起来，时而冷场。所以经过多次的讨论与实践后，笔者提出更详细的"展学五字决"，以此加深学生们对"六个方面"汇报方式的理解与印象，迅速地在展学中找到可发言点，从而提高发言率。

"展学五字决"："补、疑、知、总、读。"

"补"是"我有补充……"，抓关键词句来进行补充发言。

"疑"是"我有疑问……"，针对发言，提出自己深层的疑问。

"知"是"我知道……"，从写作方法的角度进行分析。

"总"是"我来总结……"，总结一下大家的发言结果。

"读"是"我来读一下……"，通过读来展示体会的结果，读出感受，读出理解，读出感情，升华对文本的认识。

"以学定教"是以"先学后教"为基础——学生带着问题走进课堂，课堂成为学生解决疑问的"阵地"。在此过程中，语文教学价值与目标实现了从"知识本位"到"能力本位"再到"素养本位"的转变。这也要求我们对文本教学内容的透彻理解和处理方式上的改变。如前所述，确立了教学的整体育人价值，就会将学科知识视为育人的资源和手段，加以扩充和重组，并加以弹性地设计。"展学"无疑为"能力本位"到"素养本位"搭建了一座桥梁。通过笔者的实践，这样立足于课堂的"学"与"展"，使得课堂更具实效性和真实性，使得学生的发展更具能动性和创造性。

（三）以学定学——深犁思维深度与建构知识的"展学"

通过两年的课堂教学实践，我们根据学情，对教学内容进行选择、重组、删减、创新。教学内容由教师和学生在教学过程中共同创生。这样的课程资源意识突破了以往规定教学内容的局限，为教师和学生在教学内容上的自主选择和创造性重组提供了极大的自由空间。为此，五年级的"学"更是在原有的基础上，再向前进一步——预习五步法（增加了第五步：画，从内容写法、写作意图、预习疑问、学习积累四个方面画出课文的思维导图）。

进入五年级的"展"，体现的是一种"教学相长"的理念，尤其是学生的朗读"展学"，更具思维深度。浙江师范大学人文学院李海林老师就在《让美育渗透于语文教学过程中》谈道："其中朗读这一关很重要，不然学生是无法渐入佳境的，是无法品味到它的美感真谛的。"展学中，对课文有感情地进行朗读是朗读课文的关键之所在。因为前面的自学初读、对学细读、合学精读都是个体读，局部小范围内读，而且是在没有深入理解文本的基础之上的朗读，朗读感情是很难出得来的。只有展学中的朗读才是跟我们的传统课堂比较接轨的朗读。于是，笔者在教学中摸索出了一套属于我们班级的感悟性朗读策略，具体的操作如下。

首先，展示的学生读出展示的课文相关内容，汇报展示结果，由全班进行补充、反驳或质疑。接着，展示的学生进行全班的朗读指导，提示语是：这一句写出了……，请大家读一下；这一句写得……，请大家读一下；这一句需要我们……，请大家读一下。他可以先示范读，也可以先请班上的同学来读一读，当他觉得都没有人读出味道时还可以请老师来读。最后，部分或全班同学一起读。如果展示的学生朗读指导没有指导到位，在座的学生可以自动站起来对他的朗读指导进行纠正，并亲自示范读，再让全班一起读。这样一来，朗读就达到了层层深入，在感悟中读，读出感悟，读出味道来。当然，语文课堂的味道也就出来了。课堂是教师工作的舞台，怎样让这个舞台更生动、更高效是每一个教师毕生的追求。

建构主义的学习观认为，学习不是教师把知识简单地传递给学生，而是学生自己建构知识的过程。"以学定学"就是以具体的学情为出发点，以学生对文本把握的程度为起始点，以学生对文本的言语形式、语言实践为关键点，以主动建构知识为核心点，以开掘学生深度思维为支撑点。我们依托"智慧教室"系统，基于以人为本、以学生为中心理念，提供最舒适的课堂环境和有助于达成教学效果最优化的教室。"学"不再是单一平台的学习，而是多角度、多媒体的学习。教师课前的"微课"，课后的"慕课"，极大丰富了学生的课外学习，为学习者的个性化发展和终生学习提供了保障。同时，我们的"展"亦是多个平台的"亮相"——教师不再是课堂的控制者，而是辅助者。笔者创设的"无师课堂"就是打破传统的教学模式，凸显学生的中心地位，关注学生主体，以"深度学习"和"高阶思维"为突破口，竭力提升学生语文核心素养。

三、结语

笔者近三年，以本班学生（笔者任教1班）为研究对象，通过学生的调查问卷的反馈及学业成绩数据与平行班级的对比，成效可见一斑，见表1~表5。

表1

问题	选项A	选项B	选项C	选项内容
1.你喜欢老师运用"智慧课堂"模式上课吗	95.92%	4.08%	0	A.非常喜欢 B.喜欢 C.不喜欢
2.你认为运用"智慧课堂"系统与传统教学相比，效果怎样	95.92%	4.08%	0	A.效果非常好 B.有一定的效果 C.效果不明显
3.你班的语文老师经常使用"智慧课堂"系统上课吗	100%	0	0	A.经常使用 B.偶尔使用 C.从不使用
4.你认为"智慧课堂"系统对提高你的语文成绩有帮助吗	93.88%	4.08%	2.04%	A.非常有帮助 B.有一定的帮助 C.没什么帮助
5.你经常在课堂上使用"智慧课堂"中的软件学习吗	97.96%	2.04%	0	A.经常使用 B.偶尔使用 C.从不使用

表2

班别	考试人数	总分	平均分	合格人数	合格率	优生人数	优生率
三1	43	4062.5	94.48	43	100%	40	93%
三2	45	4155	92.33	45	100%	44	97.7%
三3	45	4212	93.60	45	100%	43	95.6%
三4	44	4156.5	94.46	44	100%	44	100%
三5	45	4136.5	91.92	45	100%	42	93.33%

注：2016—2017学年度第一学期三年级语文期末考试成绩统计。

表3

班别	考试人数	总分	平均分	合格人数	合格率	优生人数	优生率
三1	44	4136.5	94.01	44	100%	41	93.2%
三2	44	4021	91.39	44	100%	40	90.9%
三3	45	4249	94.42	45	100%	44	97.8%
三4	43	4031	93.74	43	100%	40	93%
三5	44	4107.5	93.35	44	100%	41	93.2%

注：2016—2017学年度第二学期三年级语文期末考试成绩统计。

表4

班别	考试人数	总分	平均分	合格人数	合格率	优生人数	优生率
四1	48	4468	93.1	48	100%	46	95.8%
四2	48	4418	92	48	100%	45	93.8%
四3	48	4302	89.6	48	100%	39	81.3%
四4	48	4381	91.3	48	100%	40	83.3%
四5	47	4289.5	91.3	47	100%	41	87.2%

注：2017—2018学年度第一学期四年级语文期末考试成绩统计。

表5

班别	考试人数	总分	平均分	合格人数	合格率	优生人数	优生率
五1	50	4456	89.12	50	100%	43	86%
五2	50	4288	85.76	50	100%	34	68%
五3	50	4264	85.28	50	100%	30	60%
五4	49	4316	88.08	49	100%	41	83.67%
五5	48	4098.5	85.39	47	97.92%	33	68.75%

注：2018—2019学年度第一学期五年级语文期中考试成绩统计。

近三年，笔者通过"学"与"展"的研究与实践，使所任教的班级成绩斐然。在不断的课堂实践中，笔者找到了一些合适的方法，看到了智慧课堂的一线曙光，一点希望，这真是"山重水复疑无路，柳暗花明又一村"。

李海林老师在《语文课程改革的进展、问题及前瞻》中强调："语文课堂教学中师生关系得到全面调整。既然语文课不再是一门知识课，那么，教师就不再是单纯的知识传授者。在新课程的课堂教学形态中，学生是教学目标的主体，也是教学活动的主体。"课堂，应该面向全体学生；教学，应该更具有个性化。总而言之，课堂上学生大胆、清晰、有序地各抒己见，在思想碰撞后再由教师进行适当点拨、引导，这样的课堂才是真正把舞台交给学生，把讲台让给学生，才是真正有"智慧"涵养的课堂。

雄关漫道真如铁，而今迈步从头越。教无止境，研无止步；"学"海无涯，"展"路荆棘。在智慧课堂探索的路上，我们一路前行，相信有"智"学的保证，一定会有慧"展"的春天！

基于"移动新媒体"下的口语交际路径研究

东莞松山湖实验小学　　邓惠君

语文课程标准指出，"口语交际能力是现代公民必须具备的基本能力"。而随着社会以及科学技术的发展，网络信息技术在教育教学领域不断渗透，并发挥重要作用。网络时代的产物——"移动新媒体"的运用，对于小学语文口语交际教学有着十分关键的作用。在小学语文口语交际教学中，教师充分借助网络媒介，巧借信息技术教育手段，以"移动新媒体"为活动载体，创设真实情境，能够激起学生的学习兴趣，增强口语交际教学的互动性，提高小学语文口语交际教学的效率。

一、口语交际教学现状分析

（一）倾向习作需求，忽视口语情景

据调查发现，各学段口语交际教学经常被教师忽视。教师们经过一单元的阅读教学后，很习惯地直接走入习作练习，沿用阅读中学到的写作方法开始指导习作表达内容，讨论习作的表达方式。口语交际只用于讨论习作的相关事项，失去本身所具有的价值和意义。长此以往，口语交际被"习作"教学所挤压，教师不重视学生口语交际能力的培养，导致了学生语言的贫乏，对于学生的综合发展极为不利。

（二）关注言语表达，忽视口语"交际"

口语交际关注的是学生语言表达的准确性、生动性，关注学生在表达时是否用到本单元阅读课文中所学到的表达方式。口语交际的形式基本采用"一生说，大家听，听完后做评价"，这样容易形成优等生的课堂。那些不太爱说话

的学生往往习惯等待别人说，成为课堂的"听众"，缺少表达的机会与平台，无法激发表达欲望和提高表达自信。因此，开发多样的口语交际形式，激发学生积极参与、乐于讨论与表达，并能在口语交际活动中提升语文综合素养，提高学生综合能力，是小学语文教师亟待解决的问题。笔者认为，在信息技术运用的背景下，利用新闻访谈类节目的形态来设计口语交际活动，能实现口语交际的最优化。

二、"移动新媒体"的概念界定

移动新媒体是相对于报纸、广播、电视等传统媒体而言，是所有利用数字网络技术，通过互联网等渠道，向用户提供信息和娱乐的媒体形态，包括微信、微博、各种APP，以及微视频等信息传播平台。

因此，我们把"移动新媒体"资源作为口语交际的教学内容。在内容编制过程中，学生通过电脑、智能手机等收集信息、整理资料、分组合作，使口语交际练习自觉而频繁；发言人形式多样，又有媒体模式的支撑，吸引学生参与，也指导学生口语交际的技能。它具有形式多样、开放生动、意形兼得的特点。

我们在活动过程中运用"移动新媒体"，以计算机、智能手机及网络技术作为支撑，注重对具体的口语教学内容进行信息化处理，优化交流平台，提供图文声像并茂的多种感官综合刺激，激发学生参与教学活动的兴趣，引导学生向预定教学目标前进。

三、口语交际活动策略实践

通过对口语交际训练形态和电视谈话节目形态的比较研究，发现两者在构成要素、开展形式、能力要求三方面都具有相似性。因此，笔者借用生活场景中熟悉的节目形态移用到课堂上，以"移动新媒体"为载体，组织口语交际活动，提高口语交际训练的实效。

（一）移用新闻类节目，扩大语言输出

1."新闻播报"每日交际

汇报类口语交际课可以采用《朝闻天下》这类每日固定时间的播报形式，把学生从微博、微信、腾讯新闻等各种"移动新媒体"收集整理到的主要内容分开播报，这样可以为每个学生创设独立表达的平台。

例如，人教版小学语文五年级上册第四单元口语交际主题"事件的启示"就适合运用该形式。因为事件本身不需要很详尽，重在说清楚自己的感悟。教师将学生从新媒体所报道的事件中得到的启示，分散在每天的早晨新闻播报当中，利用课前三分钟让2～3个学生以新闻联播的方式上台播报。

这样，每个学生都有播报的机会，扩大语言输出，避免优等生一言堂的现象。根据早新闻播报的要求，播报员要做到口齿流利、字正腔圆，说的事要清楚有条理。独立上台表达能促进学生的自信心的树立，提高口语表达的准确性。同时，近两个星期的同类播报巩固了学生的这一类语言表达方式，提高了学生的口语表达能力。

再如，人教版小学语文五年级下册第八单元口语交际主题为"聊聊热门话题"。教师可以将此部分设计成"校园热线"活动，学生每人通过录制微视频在家校微信群中播报一则热门事件，要求语言简短，通俗易懂，运用信息技术手段增强渲染力，提高学生的口语表达欲望。录制的微视频学生能在课后反复听，了解自己的口语交际水平，采用互评、自评、师评等方式形成反馈，也可采用与范本对比，生生对比的形式，寻找自身存在问题，不断改进，提高口语交际的能力。

2. "新闻发布会"准备充分

新闻发布会通常针对意义重大或者媒体感兴趣的事件举办。它具备沟通活跃、双向互动的特点，先发布新闻，然后由记者提问。在课前准备阶段，学生可以通过互联网、微博、微信公众号等新媒体收集相关资料。多样的渠道和充分地准备能促使每个学生乐于参与讨论，敢于发表自己的意见。

例如，人教版小学语文六年级上册第四单元口语交际主题"珍惜资源"可采用"新闻发布会"形式，操作流程如下。

（1）学生按资源类别分组，明确目标、分工、内容等，制订活动计划。

（2）每个小组开展新闻发布会，如"水资源发布会""矿产资源发布会""土地资源发布会"，等等。

① 发布新闻：以小组为单位，作为一个新闻发布会的组织方上台就座，把整理好的资料派代表发言，成员协作递交。

② 答记者问：其他同学都是记者，佩戴记者证，带上相机和笔记，等新闻发布完后可提问。

③新闻发布组成员回答。

④新闻发布组宣读倡议书。

整个课堂活动模拟正规新闻发布会操作，营造严谨、规范的氛围，促进学生认真准备。针对新闻发布会的特点，学生在语言组织上少一些随意，多一些规范，实现课标中"能根据对象和场合，稍做准备，作简单的发言""表达有条理，语气、语调适当"的要求。其他"记者"要认真、耐心听人说话，能抓住要点，还能及时做出评价与质疑。在整个活动过程中，学生口语交际能力得到快速提升。

人教版小学语文四年级下册第五单元的"我是小小新闻发言人"也可采用新闻发布会形式，广泛收集资料，再开发布会。口语交际能力不仅是"说"的能力，还必须历练人格修养，拓宽知识视野。"新闻发布会"培养了学生收集资料的能力。面对林林总总的"移动新媒体"资源，学生懂得了筛选，学会了比较和分辨，对信息资源的处理、加工能力也得到相应地提升。

（二）移用谈话类节目，提供实训平台

1."访谈录"情境创设

谈话类的节目是当今比较热门的电视节目之一。这类节目通常由主持人、嘉宾或现场观众等，在现场围绕某个话题或个案展开即兴、双向、平等的交流。

例如中央台由撒贝宁主持的《开讲啦》基本流程如下：

（1）屏幕播放花絮，开场拉近观众与主讲人的距离，激发观众兴趣。招牌节目台词：开讲啦，回到梦想开始的地方。

（2）主持人与嘉宾出场对话。

（3）嘉宾开讲。（嘉宾围绕某个主题开讲，中间屏幕穿插一些图片解说，渲染氛围；也可邀请伙伴爆料）

（4）观众自由提问，嘉宾即兴回答。

高段口语交际的很多内容适合用这种形式组织活动。在准备过程中，"移动新媒体"中的多款APP得到应用，操作简便，如人教版小学语文五年级下册第二单元口语交际主题"难忘的童年"，操作流程如下：

（1）学生利用平板电脑投票功能选出主持人，每个学生都可作为嘉宾。

（2）学生根据《开讲啦》节目流程，谈自己的童年趣事，可以制作成课件配上照片、音乐，也可借助动感相册等手机APP制作相册。

（3）观众提问，嘉宾回答。嘉宾可以讲述自己多个故事。

（4）请了解自己的同伴上场爆料。

再如人教版小学语文五年级上册第三单元"小小推销员"，采用《空中超市》节目形式再合适不过了。"商家"在课前通过制作多媒体课件或者手机录制微视频，在课堂上进行演示，竭力推销自己的商品，从产品的构造、使用、功效等，以促销的手段进行介绍。砍价团通过砍价尽显智慧。在整个活动中，通过"移动新媒体"的辅助，学生积极参与，充分进行口语交际。

2."记录篇"图文并茂

"教师要在学生口语交际的过程中利用新媒体技术为学生创设更为宽广的口才实际应用的平台，这样才能达到'课堂开花，课外结果'的效果"。东莞新闻频道有个《走乡村》节目，走访东莞各乡镇，记录名人、建筑、风俗等。人教版小学语文五年级上册第三单元"浓浓乡情"、人教版小学语文六年级下册第二单元"民风民俗"可以采用这档节目形式，让学生们的学习活动不限于校园，运用"移动新媒体"让口语交际的课堂无限延伸。学生走出校园走进乡村，访村民，拍下照片制作成PPT，配上解说词，也可以通过手机APP制作成"美篇"等带入课堂，就是一档"走乡村"系列报道。在整个活动过程中，学生口语交际能力得以发展。

口语交际课对于小学来说，是开发口语交际意识、提高口语交际能力最主要的形式。我们积极寻找生活场中的口语交际内容，模拟生活场中的口语交际形式，善用生活中多种信息技术手段以及交互平台，使口语交际不再是纸上谈兵，也不再是匆匆过客。小学口语交际课堂教学运用信息技术，合理使用文字、图片、音频和视频对提高学生的口语交际能力、促进学生的语言发展有很大的作用。

"移动新媒体"的引入，能巧妙创设适合小学生富有时代感的口语交际语境，让学生学会如何交流，不断发展语言，提高口语交际能力。

参考文献

［1］段丽娟.如何调动学生课堂积极性［J］.中国教育技术装备，2009（22）：111.

［2］杨颖.浅谈课堂教学中如何调动学生主动性及积极性：小学数学教学分析［J］.新教育时代电子杂志（教师版），2016（43）：41.

［3］王晓佳.课堂教学中如何调动学生学习积极性［J］.高等农业教育，1989（4）：31-32.

［4］饶蒸.充分调动学生学习的积极性提高语文课堂教学的效率［J］.剑南文学（经典教苑），2011（5）：170-171.

［5］柳静.调动学生数学课堂积极性的两种实践方法［D］.石家庄：河北师范大学，2014.

［6］范广阔，范玉英.从"以教定学"向"以学定教"华丽转身［J］.文学教育（上），2016（3）：84-85.

［7］黄荣怀，胡永斌，杨俊锋，等.智慧教室的概念及特征［J］.开放教育研究，2012（2）：22-27.

［8］许骏，唐连章.云计算与大数据时代的教育信息化探索实践："粤教云"计划及示范工程进展叨［J］.教育信息技术，2014（11）：3-9.

［9］张景焕.教育心理学［M］.济南：山东人民出版社，2010.

［10］钟启泉，倪文锦，欧阳汝颖.语文教育展望［M］.上海：华东师范大学出版社，2002.

［11］丁朝蓬，梁国立，Tom L. Sharpe.我国课堂教学评价研究概况、问题与设想叨［J］.教育科学研究，2016（12）：10-14.

［12］中华人民共和国教育部.全日制义务教育语文课程标准（2011年版）

［M］. 北京：北京师范大学出版社，2012.

［13］林艳. 新媒体环境下口语交际教学的开展策略探究［J］. 小学教学参考，2018（9）：18.

［14］崔俊阁. 基于移动新媒体的英语口语交际能力培养策略研究［J］. 长春教育学院学报，2018，34（11）：56–58.

［15］廖娟. 论电视谈话节目形态在口语交际训练中的移用［D］. 长沙：湖南师范大学，2011.

［16］程明敏. 口语交际"学做小小推销员"教学设计［J］. 语文教学通讯，2014（Z3）：116–117.

［17］冯华，王晶. 论新媒体技术在口语交际教学中的应用［J］. 现代交际，2012（3）：187.